益
趣

如果法律是社会正义和道德的底线，

我们是不是要想想，

法律究竟是什么！

法とは何か

法思想史入門

法律是什么？

法哲学的思辨旅程

〔日〕长谷部恭男 · 著

郭怡青 · 译

中国政法大学出版社

2015 · 北京

法律是什么？法哲学的思辨旅程

HOU TOWA NANIKA：HOU SHISOUSHI NYUMON

by Yasuo Hasebe

Original Japanese edition published by

KAWADE SHOBO SHINSHA Ltd. Publishers.

This Simplified Chinese edition is published by arrangement with

KAWADE SHOBO SHINSHA Ltd. Publishers，Tokyo

in care of Tuttle－Mori Agency，Inc.，Tokyo

版权登记号：图字 01－2015－4101 号

前　言

　　本书是以法律是什么、该如何运用，特别是以法律与道德的关系为焦点进行考察。大部分读者对于"法"应该都有一个共通的印象，即"法"就是法律、条例，以及法院判决。另外，"道德"一词则经常被用于不同的地方，例如勤勉的美德（He who does not work, neither shall he eat）、性道德（不应公然为之）。这些社会上通常所说的道德，是国家中大部分人都同意的，但这并非本书所称的道德。另外，道德也有如基督教道德或佛教道德等，具有宗教信仰之人才会信其为真实的体系性行动方针，但这也不是本书所称的道德。

　　本书所讨论的道德，是指生而为人应该如何生存，应该采取何种行动，对照其理由并加以玩味的工作过程，以及玩味的成果，亦可称为实践理性的运用。毕竟，人应该是一边活着，一边对照着理由来思考如何生存，或应该采取什么样的行动。既然生而为人，就不可能与道德分离而活着。与此相较，是否要遵从基督教的道德，则要看你是不是基督教徒；至于勤劳道德的劝诫，也只是在一般的情况下适用，仅此而已，毕竟我们不可能强制那些靠利息为生的人去工作。

本书撰写的目的，在于探讨"道德"既然是身为人就不可能与之分离而生存的问题，那么它和"法律"之间的关联又如何呢？

我原本是宪法学者，宪法学者也是法学学者的一种，所以也从事实务工作（虽然未参与实务的学者也不在少数）。我撰写本书之际，既参与政府的各种会议（例如，当我们导入税务和社会保障的相关改革时，是否有必要检讨一下必要的个人情报保护制度，另外还要考虑服务业的责任限制法，是否有重新检讨这个的必要），也受律师事务所的委托撰写法律意见书（在此还是先声明，只有和我颇有交情的人来委托，我才会帮忙撰写意见书，因为我平常已经很忙了）。

此外，宪法学者其实也研究不太像法学的政治思想史或法哲学（也不是每位宪法学者都如此），但对政治思想史或法哲学有深入研究的优秀学者，都在各自领域的最前线为研究而忙碌，无法写一本书给我这样的门外汉。因此，没有一本书把我想知道的事全部写进去。没办法，只好自己动手。

河出书房新社的朝田明子小姐劝我动笔写了这本书，并整理原稿、对章名及小标题提出建议，以及进行校对等一般编辑工作，同时对原稿的内容给了相当多的建议。另外，东京大学的助教中冈小名都先生，仔细阅读了全部的原稿并提供相关意见。在此致上最深的谢意。

二〇一一年五月

目　录

第三部　民主立法好在哪里？

序 章

对你而言，法律是什么？

我不能和你一起玩，狐狸说，我还没有被
驯服。

——圣－埃克苏佩里《小王子》

"驯养"的互动产生弥足珍贵的结果

圣－埃克苏佩里《小王子》中的主角，是一个来自很小很小星球的王子。他在自己的星球上种了一朵玫瑰。种植了之后，这朵玫瑰仗着自己很美，便对小王子颐指气使，提出很多无理的要求。小王子虽然觉得很困扰，但因为对玫瑰的美很着迷，还是非常用心地为玫瑰浇水、罩上玻璃罩以及除虫。

故事中有一幕，当小王子离开自己的星球、了解世界的辽阔之后，才发现原来和自己种的玫瑰一样美的花多得不得了，他感到非常悲伤。他想到自己的用心究竟算什么，原本以为那朵玫瑰是全世界最美丽、最特别的花，没想到竟然只是普通的玫瑰。

狐狸的一番话解决了小王子面临的人生危机。狐狸告诉小王子"和对方建立特别关系"（créer des liens）的重要性。在此，狐狸用了非常动物化的修辞——"驯养"（apprivoiser）。

> 我的生活很单调。我猎取鸡，猎人猎取我。所有的鸡都是一样的，所有的人也是一样。于是我感到有些无聊。但是，假如你驯养我，我的生活将如同充满了阳光，我的世界将会改变。你的脚步声会与其他所有的脚步声不同……你的脚步声像音乐一样把我从洞里叫出来。再说，看吧，你看见那边的麦田吗？和你发色一样的金黄色。如果你驯养了我，一定很美好的。看到金黄色的小麦田，我就会想起你。而我，也会喜欢吹过麦田的风声。

小王子因此发现，为什么自己的玫瑰这么重要，不是单纯因为她很美丽，其他大多数玫瑰尽管都同样美丽，但自己和她一起渡过日子的记忆，才是使她变得特别、变得重要的原因。她对小王子而言是无可替代、独一无二的玫瑰。因此，小王子对其他玫瑰说：

> 你们一点也不像我那朵玫瑰，你们什么也不是。没有人驯养你们，你们也没有驯养过任何人。……你们都很美丽，但就只是很美丽，没有人会为你们死。……和你们比起来，我的玫瑰更重要。因为我浇灌的是她；因为把她放在玻璃罩下的是我；因为给她一个屏风挡风、为了她杀死许多绿毛毛虫、听她抱怨、听她吹牛，或者看她默不作声的都是我；因为她是我的玫瑰。

把小王子的话（或狐狸的话）稍作一般化的解释便是：每个人都能和事物（或和其他人）建构起亲密关系，从而获得只属于自己的最重要的东西。也许你的玫瑰和其他大多数的玫瑰一样，只是一朵漂亮的玫瑰，但因为你一直照顾她，所以这朵玫瑰对你而言就是一朵重要而特别的玫瑰。

有价值的东西是有限的

这个故事很感人，但有些值得我们注意的地方。

不管是什么事物，并不是只要你诚挚地照顾，就一定会获得有价值的东西；除非被照顾的对象本身就有价值。只有在对方很美丽，或者做这件事是为了这个社会、做这件事非常有用等等前提下，才能与对方发生亲密关系后获得有价值的东西。不过仍然要特别声明，这里所提"有价值的东西"客观而言到底是什么，并不需要以所有人都能接受的唯一答案为其前提。不过，大部分人的心里已经有一定标准（例如美丽的事物总比不美的事物好），才会以这个一致的意见为前提而形成至少"客观而言是有价值的"这种程度的意义。

小王子的玫瑰也一样。因为这是朵美丽的玫瑰，小王子才觉得有照顾她的价值。如果是一株根本不会开出美丽花朵，甚至是会散发毒素或恶臭的杂草，不管照顾得多努力，也很难说会因此获得重要的东西。

或许有人认为，"努力照顾这件事"就算对方没有这样的价值，只要不断地努力照顾，还是会有其他的人生意义。有时候确实会是这种情形，例如，的确会有人是通过搜集掉在马路上的发夹，或是把日本所有铁路车站的名字全部背下来这种事，来确立自己人生的意义。但这种情形单纯只对做这件事的那个人有意义，从第三人的角度而言，这些只是在无聊的小事上浪费精力而已。

　　再举一个例子。本书的编辑是朝田明子小姐。所谓编辑，就是确立企划、委托作者写稿、稿子写不出来就在适当的时间催稿、读完稿后和作者讨论哪些地方难以理解或过于奇怪、请作者修改。总之，编辑是个很辛苦的工作。朝田小姐是位很有魅力（比起"belle"这个字，"jolie"更适合）而可亲的人，所以我非常感谢她。我们的关系虽然没有像小王子和玫瑰这么亲密（我特别小心修辞，以免造成朝田小姐的困扰），但对我而言，朝田小姐担任我的编辑来照顾我，这是一件非常有价值的事。只是，对于朝田小姐而言，和我搭档的这次编辑工作是否有价值，那要看这本书是否能让许多读者接受。如果这是本非常无聊、卖得也不太好的书，那么这次的编辑工作对她的价值搞不好就反而是负面的。纵使朝田小姐把这次的失败当成迈向未来的动力，这种想法也只对朝田小姐自己的人生有意义，并且只是一个非常不确定的意义。从客观角度来看，编辑这样的书是没有价值的。

一件事究竟是不是真正有价值，或者只是对某个人有个人意义，我们不能忽视这样的区别。

国家的价值

本书是以思考"法律是什么"为主题，所以也该进入正题了。

人寻求关系或联系的，并不限于像是花、动物或他人这样具体的东西。例如，一个人在河出书房新社这样的公司上班，这个人和这家公司便会产生密切（或许也没那么密切）的关联。你和自己居住的小区，或是你出生长大的国家，也是有所关联。

个人和这些大型组织的关系，通常建立在"尽自己该尽的义务"上。例如，为了公司努力跑业务、为了自己居住的小区而打扫马路或水井、帮广场除草、在太过炎热的马路洒水降温等。或是为了国家而纳税、为了让政治更好而发言（即便是大热天也要去投票）。当然，这种组织也会为成员提供各种服务，但只是接受服务就能产生"自己也是组织的一分子"的意识吗？不用工作就能坐领高薪，对公司的忠诚度会高吗？

完全不参与打扫或洒水工作，只享受地方政府提供的育儿或医疗服务，这些人就会对这个小区产生归属感吗？国家意识也是同样的道理。

为国家尽自己的义务，人才会和国家产生特别的联系。借由讨论集会或选举活动等，积极参与政治，对国家的归属意识就会更强，而这对于自己的人生也能累积起有意义的宝贵经验。

不过，为国家尽义务和参与政治，客观来看是否具有价值，又是另一个问题。前面提到的栽培植物或图书编辑，在参与政治方面也可以套用。积极参与政治、对政治提出建言的这些行动具有价值，仅限于其结果达成了政治原本的目的，亦即维持和提升社会全体的福祉。如果自己所支持的政治是以非专业的判断所作出的不成熟计划，而且实行该计划后完全看不到成效，反而加速了财政上的困难，那么这种政治参与就很难说具有价值。纵使如此行动对自己的人生有意义，甚至因为参与政治而确立了自己生存的意义，也仍然是没有价值。

简而言之，为了某个组织尽自己的义务，和组织产生紧密的关联这件事是否具有价值，客观而言是以这个组织的活动是否具有价值而决定的。为非法进口、贩卖毒品的组织卖命，很难被认为这个人的卖命是具有价值的。

这个道理，在与国家的关联性上也适用。这个国家的活动本身，整体而言如果具有价值，那么为了国家努力尽义务才能说是正确的。如果这个国家的行动会招致自己人民甚至周围国家人民生命或财产上的重大危险，那么就算是自己的国家，也没有让我们效命的价值。

本书的课题

以上的论述和法律有什么关联呢？

和公司相同，国家是由多数人（国民）构成的法人。与活生生的人不同，法人是一种约定俗成的权利主体，说到底，它只存在于我们的头脑中。所谓国家，是通过制定法律、执行法律而活动的（亦即，基于大家的约定，形成法律并通过法律来活动）。我们为国家尽义务，不管是什么样的义务，也都是通过法律决定的。所以我们可以说，通过遵从已制定的法律，便产生与国家的联系。

因此，国家的活动是否具有价值，取决于规定国家组织的存在及其活动内容的法律有什么样的价值（或没有价值）。

这个问题可以再谈得深一点。首先要问："国家"这个大家约定好的组织其本身是否具有价值？通过法律进行活动的这个组织本身是否具有价值？这些并非自明之理。

由大家约定组成的国家，就算一般而言具有价值，但如前所述，也并非所有国家都具有价值。有些国家，人民为国家尽了义务所换得的却是失去了自己的人生。

再往细节讲，一个国家从整体而言，就算照顾到国民生活、对维持国际和平也很有帮助，但支撑这个国家各种活动的法律，也不尽然都是良善的法。

本书首先将探讨，大家对于国家存在的约定是否有价值；接着探讨纵使依约定而生的国家有价值，整体而言，国家为人民应该做什么事，就必须花费什么样的心思。因此，需要进一步思考"法律到底是什么东西"、"为了制定法律，现今大部分国家实行的民主政治具有什么样的特质"等问题。从这些问题中得出大致的答案后，还有最后一个问题：因为是我们的国家所制定的法律，所以就非遵守不可吗？

苏格拉底认为即使错误的裁判也应该遵守，因而接受了自己的死刑判决。他居住的雅典，从现代人的角度看，很难说是个很棒的国家。雅典虽然是个民主国家，但既不爱好和平也不保障思想自由（苏格拉底的罪状之一，就是他否定国家所公认众神的存在）。当时的雅典，并不是一个严格贯彻"法支配"的国家；再者，就算成为死因，要逃狱其实也并不困难。即使如此，苏格拉底还是接受了死刑判决。这种做法正确吗？这是本书最后要探讨的问题。

┃文献解题┃

圣－埃克苏佩里的《小王子》，有不同的翻译文本。笔者幼年读的是《星星王子》（内藤濯译，岩波书店，2000 年），不过本书的内容是笔者自行翻译的。

小王子与玫瑰花这段插曲，曾被多本哲学书籍用来作为探讨的题材。*Value, Respect, and Attachment*（Joseph Raz, Cambridge University Press, 2001）的第一章，或是"Really Seeing Another"，*Conversations on Ethics*（David Vellement, Oxford University Press, 2009）等均为其例。本书所言，通过亲密关系所获得的有价值的东西，只有在相关的另一方具有价值的情形下才能发生，这个观点就是从拉兹（Joseph Raz）的论文里获得的灵感。

纽约大学教授戴维·威利文（David Vellement）在其著作中亦以这段插曲作为题材，指出依据"爱"（love）与依据"亲密关系"（attachment）所造成的连结并不同。他认为，面对美丽或身材高等个人特征或个人行动产生的人性反应，是由于爱着这个人。因此，人可以爱上并不那么亲密的人，或是长期亲密交往后不一定仍然相爱。爱人的人，对于对方会毫无防备。面对良善人性时，防御心自然会下降，而"爱"会使人受伤正因如此。小王子被玫瑰的话给刺伤，其中一方面也是因为不知道对方是否确实正视并面对自己的本性。

　　是否接受"人性本善"决定了是否接受他人的见解。至少，人为约定组成的国家，并不具有这种性善论的本性。依据威利文的见解，人不可能去爱国家，人只能通过尽到国家要求的义务和国家产生密切的连结。当然，一个国家也不可能去爱另一个国家。

　　不少人主张，参与政治这件事不仅为参与的个人赋予了生存的意义，客观来看也是有价值的事。政治思想史家汉娜·阿伦特（Hannah Arendt）最为典型。社群主义者也经常主张，为自己所属的社群或国家尽义务便会产生根源性的价值。请参照阿伦特的《论革命》（志水速雄译，ちくま学艺文库，1995 年，第 183~184 页）。

　　但是，这种主张和本书的看法不同。因为这种主张并未区分"只对其本人有意义"和"从第三人角度而言，该活动亦有价值"。对于自我期许"只要努力，总有一天会有回报"的人来说，前者主张可以给人梦想，但很可惜这终究只是个梦。小王子认为照顾玫瑰有价值，是因为玫瑰很美（从只要是杂草就立刻拔掉这点看得出来）；他和狐狸感情好，也是因为这只狐狸非常聪明，可以告诉他这是个怎样的世界以及如何生存这些重要的事。他们的关系因此才有价值。总之，参与政治之所以具有意义，是因为我们自觉参与了某种"重要事务"而引以为傲，这其实是很歇斯底里的幼稚想法。因此，只有当国家在整体上"做得还可以"的时候，爱国（或者爱宪法）才会是正确的。

此外，社群主义者也经常主张，如同国家、民族或家族，虽非自己所能完全选择，但与偶然出生落脚的这些社群建构紧密的关系并加以维持，就已经赋予生命本身最根本的价值。如本章所述，对自己所属的组织尽义务，确实会给予自己生存的意义。但客观来说，这么做是否就是有价值的人生，还必须视自己所属的国家、民族或家族是否有价值而定。如果是个不得已面临崩坏的家族，那就没有必要对其执着。为了邪恶国家从事谍报活动而赌上性命，也无法说是伟大的事。对日本人而言，身为日本人这件事并不重要，重要的是让日本成为良善的国家。

社群主义者对于这一点漠不关心。原因在于他们大多数是以美国为活动的舞台，因此对自己所属的社群是否具有价值这件事根本不重视（美国"当然"是个良善的国家）；而这也由于社群主义者习惯混淆"应赋予每个人什么样的选择权"及"对于社会有何价值"。这一点将在本书第六章"使人们得以共同生存的宪政主义"中另行论述。

而"国家是个只存在于每个人脑海中的法人"的概念，本书之后也会不断提及，特别在第十章"法律与国家"中会详细探讨。

第一部

国家是怎么来的

第一章
为什么要有国家?

所有事物都有其必须如此的理由。

——村上春树《世界尽头与冷酷仙境》

服从权威的理由

人类会采取行动,一定都有理由。这里所谓的"理由",是指说明"为什么这样做是正确的"或"为什么这样比较好"的理由,也就是"实践性理由",英文称为 practical reason。这与说明因果关系等数学性逻辑的"理论性理由"不同。

人类在采取行动时,追求的是这种实践理由。至于火山为何爆发或鸟为何会飞，则是说明因果关系的理由。因此，并没有人能说明火山爆发为何是正确的。

人类总是要考虑各种理由之后才决定采取何种行动。今天晚餐要吃什么？猪排咖喱、奶油蛤蜊意大利面，还是寿喜烧？这种时候，你应该会考虑自己的喜好、食材的价格、营养成分或食物对健康的影响，来作出今晚吃什么的决定吧。有时我们不用考虑这么多因素，例如"今天早上看到同事为什么要说早安"这个问题，就具备"这样做是这个社会大家所认同的礼貌态度"这个理由。如果不打招呼，就是违反礼貌，而通常大家只要没有太强烈的理由（例如超讨厌那个家伙），都不会选择不打招呼。

但这些理由有时并非基于自己的判断，而是遵从其他人的判断。有时会遵从其他人的判断，为什么是这样呢（毫无理由遵从他人的话，并非人类的生存方式）？如同孩子通常会遵循大人的判断一样，其他的像是知道这个人比自己还擅长下判断等等，也是典型的例子。比起自己的判断，遵从某个人的判断是有理由的；这样的存在我们可以称其为"权威"（authority）。

遵从权威在怎样的状况下是有理由的？关于这个问题，从法哲学、政治哲学的领域有以下的标准说明。

一个人采取行动一定有理由,原则上应该由自己判断什么是恰当的理由。但因事物性质的不同,也有可能认为由自己判断不如委由他人判断,这样才能找到真正适合自己的理由,并能采取更适合的行动。这便是遵从他人权威的原因。如前所述,听从某些知识比自己丰富的人,也是其中一例。登山时如果不听从向导的话,有可能丧命;学习语言亦同。比起独自摸索学习,找个好老师会比较有效率。不论向导还是老师,都是比自己更能作出恰当判断的人,这就是他们被当成权威的理由。

当国家拥有权威

国家对于它所支配的人们,也通常要求大家不要各自作判断,而应听从国家的命令。最典型的例子便是制定法律,然后要求人民遵守。国家以此主张自己是权威。但是,这样的主张在什么时候会被认为是有理由的呢?

如同登山导游和语言教师的例子,国家自认为比一般人民具有更丰富的知识。只是,究竟在何种情形之下,这个自我认知才是正确的呢?这很难回答。在政府机构中,确实有很多通过了非常困难的公务员考试、头脑很好的公务员在为政府服务,但就个别的政策议题而言，政府机关事先拥有的知识与一般人相比，真的比较高明吗？一般而言，未必如此。如果是个别的政策议题，政府应该找各种专家，并听取这些专家的意见才是。政府听取社会各界专家的意见，并作出决策的情形虽不罕见，但各界专家因意见相左而争执的情形也时常发生。例如，最近最为人所知的核电厂例子。核电厂内冷却装置的电源，是否可能因地震或海啸而全部丧失功能？专家之间争执不休。

即使不假设国家较一般人民拥有更完备的知识，也仍然必须将国家当成权威。寻求协调问题（co-ordination problems）之解决，就是其典型的例子。

协调问题大致上是指，虽然大家都希望其他人也采取相同的行动，却也因无法确实预测大家会如何行动而感到困扰。以汽车该靠道路的哪一侧行驶为例：所有人都会认为，如果其他人走右侧自己便走右侧，其他人走左侧自己也走左侧。靠哪一边都无所谓，但总是有必要决定大家到底该走哪一侧。决定走哪一侧，并不需要特别丰富的知识，选择走哪一侧才是问题重点。

日本和英国是靠左行驶，美国和欧陆各国则是靠右行驶。不论何者都没有道德上谁更为正确的问题，也没有从人体工程学角度考虑谁更适合的问题。因此，这项决定与权威是否具备丰富的知识无关。

诸如此类"无论如何，有个决定最重要"的问题，世上比比皆是。其中也包含群体累积的自然反应与惯例。早晨和他人见面通常都会道声早安，便是一例。外出工作时该身着什么样的服装，也是依据工作礼节而定。这两种都是依据惯例解决的协调问题。

只不过，希望累积所有人的行动而形成的惯例需要耗费相当长的时间，而有些问题并不能通过时间的积累来寻求解决。例如，道路交通规则、交易所使的货币（用日元抑或美金），另外，如孩童几岁一定要上学、以自己的收入必须交多少钱的税等问题亦同。为了维持治安以及开设道路、港湾、学校、图书馆等公共设施，人民当然要交税，但谁该付多少税额，并非一句"你当然就要交这么多钱"就可以决定，而是政府先决定一个大致的额度，只要不是太过分的金额，大部分民众就会依政府的决定来纳税。因为如果不这样做，这个社会便无法运行。

国家为了解决协调问题而制定法令，大部分人民都被预设应该会遵从该法令，有了共识就可以依据该法令来解决协调问题。相反地，在那些被称为信用破产的国家中，当被认为不论政府作何种决定都不会有人依其而行动时，就表示这个政府不具备解决协调问题的能力，也因此没有人会遵从政府的决定。其结果，政府无法被人民认为是一种权威；也可以说，这个政府并没有理由能被人民当成权威。

从这样的脉络来思考便可得出，谁有资格被当成"政府"或"国家"，都与协调问题有关。"成王败寇"这个用语经常被认为是一种犬儒主义的典型表现，强调正邪的判断均由实力决定。但实际上这也说明了另一个道理：如果不是因获胜而得到使人民服从的政府，政府的功能就根本无法发挥。国家希望让人民认同其权威，实际上就必须让人民愿意服从。为此，必须要有"现实中大部分人民确实服从国家"这样的事实给予支撑，并且从此预测大部分人未来仍会遵从这个"国家"，并认为它是个权威。

国家权威的界限与个人选择的范围

国家被当成权威的理由，除了国家较人民拥有更多知识之外，方才的例子说明了国家是为了解决社会中每个人都会遇到的各种调解问题。下一个问题则是：国家权威的范围到底有多广。而这个问题，也包括哪些事情属于应由国家解决的协调问题，或者如何判断问题是否需要更多卓越的知识才能解决。

人民应该信仰哪种宗教，或应该拥有什么样的世界观，当由政府决定，人民遵从这个决定就好了——这种国家也是存在的。但若站在"人们应如何行动，以及采取该行动的理由系个人自行判断"这样的原则出发，则纵使国家宣称要信仰哪种宗教应由国家决定，也应该告知人民作出这种决定的理由。那么，宗教信仰属于协调问题吗？或者，国家是否拥有比一般人民更多的知识，能判断哪种宗教才正确呢？至少，有关什么叫"正确的宗教"，国家似乎并不具有比一般人民更卓越的知识（理由容后叙述）。因此，宗教如何能说是协调问题？

思考协调问题有个前提，就是：关于这个问题，大部分的人都认为问题的结论不重要，只要大部分人的想法相同，或者不与大多数人的选择相冲突即可。

在这世上，这样的问题确实多如牛毛。一般来说，个人并不会特意去思考这个问题。从早餐要吃什么这种小事开始，假日要去哪里玩、音乐要听德沃夏克还是勃拉姆斯。此外，要跟谁结婚，甚至要不要结婚、该选择什么样的工作、现在的工作要做到什么时候等等，人生的重大选择都是由自己作决定（当然偶尔会需要与周遭的人商量）。该如何行动、该作什么样的选择，都由自己决定——为什么由自己决定？关于这点有下列两种说法。

第一种说法是，因为该作什么样的选择只有自己最清楚。早餐吃炒蛋搭配柳橙汁？或是吃白饭配甜菜油豆腐的味噌汤？哪一种比较好吃，吃哪一种感觉比较幸福，只有自己最清楚，所以应由自己判断。当然，判断时也必须考虑成本，从美食获得的幸福感和成本过高产生的不幸感之间求取最大化的幸福。但包括财务状况等客观情况，应该也只有自己才最了解，因此让个人自己判断，对他才会产生较为有效的幸福感。从整体社会的角度，让个人自己判断也能获得最大多数的全体幸福。这也是为什么国家尽可能不介入人民个体的自由选择，才会获得社会幸福最大化的原因。

另外还有一种说法。面对生存而不得不作的选择，并不限于炒蛋及柳橙汁，或是白饭配甜菜油豆腐的味噌汤——这种单纯的选择。该选择何种职业？想当一位勇猛果敢且沉着冷静的将军，还是想成为世界顶尖的芭蕾舞者——两者是不能并存的。况且，在选择时，只考虑选择所带来的好处和成本作为选择的理由吗？应该不是。身为将军的人生和身为芭蕾舞者的人生二

者是无法比较的，不单单是因为二者不能并存，而是因为这两
种人生哪一种好，并不是加减乘除计算一下就能得出的。

"无法比较"，或称为"价值的无法比较性"，说的就是这
么一回事。早餐要吃炒蛋加柳橙汁，还是白饭配甜菜油豆腐的
味噌汤，实在难以决定。假设在前者的组合中加上草莓优格，
就会倾向选择炒蛋加柳橙汁，那么这两种早餐选择就有了比较
的可能。只需比较吃完两种早餐后所获得的幸福感即可。因此，
如果是附上优格，就会选择吃西式早餐。

相对地，当军旅生涯与芭蕾舞者的人生二者作比较时，纵
使选择前者，亦即选择当军人，而且还是个语言能力甚强的军
人，也不能证明当军人比当芭蕾舞者来得好。选择了比较想要
的那种生活，并不表示选择的那个就比较好，因为这两种生活
方式并没有足以比较的共同标准。

其实，不管是身为军人还是身为芭蕾舞者，哪一种更能带
给人幸福感？哪一种所需要的成本更高？没有亲身体验是不会
晓得的。该和谁结婚，甚至该不该结婚，这种问题也一样，是
无法比较的选择。

面对无法比较的选项，人们还是得作出选择。经由此种选
择，人们也选择了自己将成为什么样的人（或是否成为一个

人）——这就是"人"。人并不是受预算制约的、以将自身功能最大化作为目标的自动机器。而国家之所以不应介入个人的选择，其实是为了保障人生而为人应该享有的权利范围。

回到宗教的问题。对于信仰宗教的人而言，宗教给予了他们生存意义和宇宙意义。因此，"只要和身边大多数人的信仰相同，信哪个都可以"的想法是错的。而且，该信仰哪种宗教，有没有一种正确的知识判断呢？各式各样对立的宗教，因为无法相互比较，所以也不可能有共通的标准去判定哪个是正确的。因此，这样的选择也应委诸个人的判断。

小 结

人是基于理由而行事的动物，而这些理由皆由自己判断而来；但也有一些行动是因为服从权威而非自己的判断，服从国家权威便是其中一种情形。很多时候如果没有一个标准答案，整个社会就无法运作；而此时，只要有个决定并要求大家都遵照这个决定行动，就成了最重要的事。而谁可以代表国家行动，也是这类问题的其中一。

另外，关于应该如何行动，该作什么样的选择，为什么要让个人自己去判断,此点则有两种解释。第一种解释是和整个社会幸福的最大化有关,第二种解释则是强调如何同法律相处。尽管我们不能完全忽视前者,但我个人认为第二种解释比较重要。而且这个解释和近代国家、立宪主义的诞生有关,也与欧洲各个思想家的想法相吻合。当时,他们面临宗教改革之后各种世界观产生的激烈冲突。该如何建构一个让人能活得像人的社会?这就和赋予国家权威的基础及其界限紧密相关。

下一章起,我会以霍布斯、洛克、卢梭、康德等形塑近代国家相关思想的思想家们为焦点,以他们认为的国家权威及其界限为出发点,探讨应该如何循着他们的轨迹继续思考。

| 文献解说 |

村上春树的小说《世界尽头与冷酷仙境》的主角,以讽刺的口吻说"所有事物都有其必须如此的理由"。这句话的意思是,不论多无聊的小事,做那件事也都是有理由的。所以主角才会说"真是的"。九谷才一[1]也提过,村上春树作品中的人物经常以"真是的"为口头禅,或许就是受了查理·布朗的影

---

〔1〕 日本的小说家、文艺评论家及翻译家。

响（《人形のBWH》，2009 年，第 258 页）。[1]

　　第一节提到有关为何要遵从权威这个问题的标准说明，是基于拉兹（Joseph Raz）的论述而来。他的文章《权威与正当化》（收录于森际康友译的约瑟夫·拉兹的政治哲学论文集《自由与权利》，劲草书房，1996 年）是他论述中最容易了解的。

　　至于协调问题，请参阅拙著《宪法的理性》（东京大学出版会出版，2006 年）第 71 页以下的简单说明。关于协调问题的基本观察，托马斯·阿奎那（Thomas Aquinas）和大卫·休谟（David Hume）已经进行过论述。休谟提过的各种协调问题中，最常被列举出来的就是所有权制度。什么东西该归谁所有，虽然各国的规定不尽相同，但要在一个社会中生存就一定要遵从其中的所有权制度，如此才能决定东西为何人所有，并珍惜属于自己的东西。在这个前提下，人才会去尊重属于他人的东西；有了这种态度，所有权制的社会也才能运作。此部分可参考休谟的《人性论》第三篇第二部第 2 节"正义与所有权的起源"。和休谟一样，对所有权制度有所观察的康德，在《道德形而上

_____

　　〔1〕　查理·布朗的口头禅"good grief"和日文的 yareyare 都有一种无可奈何的味道。

学》中也有说明关于动产实时取得之
背景。

	B_1	B_2
A_1	1,1	0,0
A_2	0,0	1,1

　　协调问题的讨论，在博弈论中经
常可以看到如右图所示的分析。虽然这种说明不应照单全收，
但该图能够将事物单纯化，有助于我们的理解，因此仍然有其
价值。在这个图中，A、B 两位当事人各有两个选项，A 的选项
有 A_1、A_2，B 的选项为 B_1、B_2。A 的利益在两人选择组合结果
的左侧，B 的利益在选择组合结果的右侧。在这个图中，两位
当事人的喜好在解决协调问题的两组组合中并无差别。究竟靠
右通行还是靠左通行，对大部分人而言，其实只要选好就行，
靠哪边其实并不重要。

　　要吃炒蛋还是白饭配味噌汤这个例子的相关论述，是基于
功利主义的说明。如同杰里米·边沁（Jeremy Benthan）在《道德
与立法原理》的开头所宣称的，功利主义者主张，欲追求社会
整体幸福的最大化，应以道德性的善恶作为唯一的判断基准。
至于什么是"幸福"则有各种说法。有人认为将人类感受到的
快乐减去痛苦就是幸福，亦有人认为以金钱计算的效用减去成
本费用才是幸福。经济学或社会学等所谓以"科学"分析社会
现象的学科，大致都以此种看法作为论述基础。但这些论述是

否确实是人类原本对于幸福的看法（亦即，从结论而言，人类是被设计成追求快乐、回避痛苦的自动机器吗?），则意见分歧。

人类的选择，就算探究其选择的理由，也仍然可能产生不能比较的状况——这一论点为政治思想家以赛亚·伯林（Isaiah Berlin）和拉兹所强调。请参阅伯林的文章"理想的追求"（河合秀和翻译，岩波书店出版，1992年）或拉兹的"价值之不可共量性"（Value Incommensurability: some preliminaries，日文版收录于森际康友编《自由与权利》一书）。价值的不可比较性，英文为 incommensurability，亦有译为"不可共量性"，而应该如何翻译，本身就是一个协调问题。本章中的说明，因欠缺比较两种以上事物的共通基准，故无法构成逻辑上的传递律，[1]大致上系依据拉兹对于不能比较的说明。

毋庸赘言，所谓不可比较，并不表示完全不能作大致上的比较。要成为军人还是芭蕾舞者，可以比较的点其实很多。如哪一个会造成比较大的生命危险，哪一个和音乐家接触的可能性比较高等。但纵使两种选择比较之后各有不同、最后仍要抉择时，这些比较也都无法提供决定性的理由。现在要不要和这

---

〔1〕 transitivity rule，指 A→B，B→C，则 A→C。

个人结婚,还是继续过着单身花心男的生活,此种选择亦然。

最后要提醒的是,有关早餐要吃炒蛋或白饭配味噌汤的选择,就算最后决定选择炒蛋加酸奶,也无法判断哪一种最好。这种情形正是美式早餐和日式早餐无法比较的地方。其实,日常生活的抉择通常都存有此种无法比较的情形。根据当天的心情而决定吃白饭配味噌汤,并不是毫无理由的选择,纵使人是基于各种理由而行动,也并非表示所有事物总是基于积极的理由而采取行动。只要没有"不应"成为此种选择的决定性理由,这样的行动便不能称为不合理。

在超市买一瓶"avian"矿泉水,并不是因为在各种宝特瓶[1]饮料选择时有其特定的积极理由。即使如此,也不表示"从中任意挑选一种"就是不合理的。我们每天所作的选择或行动,大部分都是如此。而决定结婚的对象,虽然程度上有差别,但本质不也和上述相同吗?对于现在所选择的对象,你有自信确实是经过深思熟虑后所认为的最理想的吗?

---

〔1〕 宝特瓶,又称 PET 瓶,广泛用作饮料容器,如矿泉水瓶。——编者注

第二章

以和平及自我防卫为目标的国家——霍布斯

> 据说（圣经中的）许多魔鬼都曾向耶稣基督
> 忏悔，其实这些无需另作解释，只需解释为是那
> 些疯人向他忏悔。
>
> ——霍布斯《利维坦》

生存的意义——从蒙田到格劳秀斯

我的专业是宪法学。宪法这门学问，是法学中非常新颖的一个类别。民法学或刑法学可以追溯到古罗马时代，但是这个被我们称为宪法学的学问，最早也直至 17 世纪才在欧洲有个雏形。至于宪法学从民法学借用"法人"、"机关"等概念，让这

门学问有法学的样貌，则是 19 世纪末到 20 世纪初的事了。

本章要探讨的是被称为宪法学始祖的其中一人——托马斯·霍布斯（Thomas Hobbes）。想了解霍布斯的政治理论，就必须提到他出生的时代背景。当时的欧洲因宗教革命而导致教会分裂，人们对于自身的生存意义，以及世界存在的意义等价值观有着根本上的对立。套用马克斯·韦伯的说法，单一的普世信仰已被祛魅，因此人们不得不从互相斗争的诸神当中各自选择信仰的对象。

问题是，宗教纵使互相对立，也仍然可以带给人们生存的意义或宇宙存在的意义。这对各自的信徒而言相当重要，并且他们认为这件事如果对自己很重要，那么对其他人应该也很重要。如果有必要，就算是以暴力强迫他人信仰其宗教，也是为了拯救他们的灵魂。尤其是与活在这个虚幻世界的生命相较，在来生所获得的生命才是永恒。所以，从衡量自身利害得失的角度，皈依"正确的"宗教便具有决定性的意义。至于到底哪个才是比较"正确的"宗教，则没有客观的判断标准。宗教信仰是不可比较之价值对立的典型，因此，宗教引发人类的血腥争斗也就不是无法理解的了。

尽管如此，人们对于人生及宇宙意义的争执所造成不停息的血战开始感到空虚无谓。怀疑论于是俘获人们的心：到底什么是正确的、什么是错误的，其实是随着时间及场所而改变的神秘事物。蒙田的《随笔集》（*Essais*）所谈的就是这种观点。

昨天还热烈被提倡而到明天就完全改观的善、与犯罪仅有一线之隔的善，到底是什么？以一座山为界，山的这边是真理，到了另一边就成为谬误……这世上没有比习惯或法律的思考逻辑更复杂的事物了。在这边是非常忌讳的行为，到其他地方却受到赞扬——例如斯巴达就会赞扬偷窃的技巧。另外，如近亲通婚，在我们的社会是几乎值得被判死刑的禁忌，但在其他地方却被认为是一种荣誉。

当然，互相对立的宗教也同样不可靠。宗教成了让人们获得权力的工具。

看着目前让我们受苦受难的（宗教）战争，其中所发生的种种，平常而理所当然地进行并且变化着，我觉得有些不可思议。在这场战争中，我们只放进我们自己的思考。纵使其中一方自称为正义，也只是装饰用的借口。所谓的正义也只是律师嚷嚷的口号。在这场战争中，真正的主导者不过是那些利用宗教的人而已。

不过，像蒙田这样的怀疑论者，也不认为人生之中没有任何事物足以依靠。他们也认为，人类应该要珍惜生命胜于一切。人类会信仰宗教、追求永恒生命，完全是由于对死亡的恐惧。荷兰的法学家格劳秀斯，将这种人类珍惜自己的普遍倾向转换成判断正当与否的基本标准。他最重要的著作《战争与和平法》中有关此点的论述，简单摘要：①人类有珍惜自己亦即守护自身生命及身体的自然权利；②在非必要的状态下侵害他人的生命或财产，是为不正当。而他再基于这两个基本原理，推论出什么是正确的法律、什么是违反正确法律的不正当。格劳秀斯指出，纵使神不存在，或是神并不关心人世间的事物，此种判断方法仍是妥当的（《战争与和平法》序章第6节）。

　　而霍布斯便是基于人类"不论发生什么事都要活下去"的天性（亦即对死亡的恐惧），构思了社会应有的状态。

建立作为判断标准的国家

　　霍布斯利用社会契约论的理论架构，论证了国家权威的正当性。社会契约论设定了国家建立前人类群居相处的自然状态。在自然状态下，人类相处会产生各种各样的麻烦，为了解决这些麻烦，人们才想到缔结契约（社会契约）、建立国家。依据社会契约论的论证，人类并非一出生就具有"必须在国家的保护下才能在社会上生存"的本性。人不是"政治性动物"，也并非只能以建立国家的方式来生活。相反，在没有国家的状态下，人类依据合理的计算来建立国家，因此才认同国家的权威。对于国家，我们应以此种方式理解才符合逻辑。

但社会契约论者公认的论述，也只有如上所述的架构。至于什么是自然状态？为了克服自然状态，应承认国家的权威到什么程度（承认这件事，对于处在自然状态下的人类是合理的吗？）之类的问题，论者意见各有不同。而霍布斯则是极为认可国家的权威。

霍布斯描述的自然状态是一种战争状态，每个人对其他人而言都是敌人。每个人天生的能力大致上是平等的，正因如此，人人都想填满欲望并获得他人尊敬而彼此竞争，也因此互相不信任。霍布斯所谓的"战争"，并非单指正在进行战斗的状态，只要相互知悉对方拥有"就算使用暴力也在所不惜"的明确意志，就是一种战争状态。在战争状态下，由于无法确保劳动成果，因此不但无法进行土地耕作，其他如航海、建筑、学艺等支撑人类生活的各种技能也都无法开展。如同霍布斯所言，"人们不断处于暴力死亡的恐惧和危险中，人的生活孤独、贫困、卑污、残忍而短寿"（《利维坦》第十三章第9段）。

为了避开死亡的危险，也为了营造一个有尊严且舒适的生活环境，人必须早日脱离这种战争状态。但人们应该如何找到可以达到这些目的的论点呢？

霍布斯认为：战争状态属于自然状态，没有对错可言，只要人与人之间没有共同的权力，便没有孰是孰非的判断标准。缺乏共同法则，连决定什么东西该是谁的所有权制度都不存在。

与格劳秀斯相同，霍布斯认为在自然状态下，每个人为了生存都有依照自己的意识使用自己的力量的自由，亦即"自然权"（《利维坦》第十四章第1段）。但在什么东西该属于谁都无法决定的战争状态下，纵使主张每个人对所有事物拥有权利，包括对自己的身体（《利维坦》第十四章第4段），也还是一点意义都没有。因此，纵使战争状态下应该使用这样的自然权，但"只要还有和平的希望，人类便应朝向和平而努力"——这是一个毋庸置疑的自然律（《利维坦》第十四章第4段），而人类可以透过理性来认识。

从第一自然律的论证导出的便是第二自然律，亦即"当人们意识到为了和平与自我防卫必须得到他人的协助时，大家便会主动放弃对万物的自然权。同时，也将承认众人与自己所拥有的自由均是等值的"（《利维坦》第十四章第 5 段）。为实现和平且舒适的生活，对于所有事物的自然权，应在必要范围内必须放弃，但他人也应同样放弃相同的自然权。

让彼此相互放弃自然权的方法便是缔结契约。为了让契约成为解决问题的方法，第三自然律——"人人皆应履行自己缔结的契约"（《利维坦》第十五章第 1 段）于焉产生。以下便是霍布斯如何论证第三自然律的合理性的内容。

为了防御可能威胁自身生命财产的外敌，两位当事人缔结共同防御外敌入侵的约定。但遵守这个约定是否合理呢？当敌人来袭，两人共同抗敌的结果是敌人败退，但两人都受轻伤；若一方抗敌时另一方逃走，则积极抗敌的这一方受重伤且财产也被抢走，临阵脱逃的另一方却毫发无损且保全了财产；若两人都逃走，则财产均被抢走。博弈论的矩形图如下图所示。

对 A、B 两人而言，A_1、B_1 是防卫，A_2、B_2 是逃走，而各种组合中左边是 A 获益的情形，右边是 B 获益的情形。

	B_1	B_2
A_1	2,2	0,3
A_2	3,0	1,1

乍看之下，"逃走"选项最合理。因为在另一方积极防卫时可以得到 3 分这个最大利益，而对方在脱逃的情况下至少还可

获得 1 分的利益。可是，若两位当事人都这样想，便永远只能获得 1 分的利益。而且背叛的一方将不会有人再与他缔结防御约定，无法确实应对敌人的来袭。考虑到敌人会反复来袭且威胁持续存在，"共同防御"才是合理的选项。

只是霍布斯也非常慎重地提到，只有内心的法庭才认为上述的自然律为适当。现实是，能拘束一个人行动自由的，只有在对方能确实保证会履行契约的情形（《利维坦》第十五章第36 段）。人类是非理性的存在，往往基于感情而行动，因此理论上合理的自然律，如果没有任何权力加诸威吓及强制就无法保证大家都会遵守。他认为，"不拿剑在旁威吓的契约不过是信口开河，完全没有足以保障身家安全的强制力。"（《利维坦》第十七章第 2 段）。

为使契约能够带有此种保证，人们便有必要建立共同的权力体制，因此必须将所有人的权力委托给一个人或一个以多数决进行决策的合议体制。所有人都必须同意："我赋予这个人，或是这个合议体制，可以统治我的自己的权力，但要以你也同样将你的权力赋予这个人或这个合议体制为前提。"（《利维坦》第十七章第 13 段）。其结果，统一人们意志的单一人格，即"国家"就此产生，而担负这个人格的人便称为主权者。

通过遵从社会共同的判断标准，也就是主权者的法则，而非各自判断善恶，人们才能追求自己想要的，亦即和平且和乐的社会生活。遵从国家的命令，而非各由自己的主观判断，是国家权威得以存在的充足理由。

霍布斯与宗教

从霍布斯的理论架构来看，主权者的权威范围相当广。"只有当该法律或命令违反国家建立的初衷，也就是违反保障遵从法律人民的性命时，人民才可以不遵守主权者所制定的法律或下达的命令。"（《利维坦》第二十一章第11至16段）。例如要求自杀或自伤，即便是主权者下达的命令，也没有必要遵从；同他国交战时，战争前线的逃亡者若是因为想要逃离恐惧，便不是不正当，而只能被视为是不名誉的行为。

除上述情形外，主权者的权威是遍及生活的。可以说，人民拥有的自由只有在没有法律规定拘束的情形下才会被认可。如契约自由、居住自由、职业选择自由、对孩子的教育自由等（《利维坦》第二十一章第6段）。况且，在宗教教义方面，主权者亦有权力决定哪些事是否要让世人知道，因此也拥有审阅出版刊物的权限（《利维坦》第十八章第9段）。至于思想、良心自由等是否应同等受到保障这一讨论，已违反主权者最重要的任务，即保障和平，因此孰善孰恶只能由主权者所制定的法律决定。霍布斯主张，"诸如善恶应由个人判断，或是违反良心的行为都是罪行等学说，均为煽惑人民造反的邪说"（《利维坦》第二十九章第6至7段）。

这样看来，霍布斯似乎完全不承认思想自由、宗教自由或表现自由，是一位反自由主义的权威主义思想家（确实有人这样认为）。但是，这恐怕是一种误解。首先，他对于信仰其实相当宽容。他认为基督教徒获得救赎只需要做到两件事：其一，相信耶稣基督是救世主；其二，应遵守神的法则（《利维坦》第四十三章第3段）。他甚至认为所谓"神的法则"，只有他提出的自然律而已（其实，这也包括国家建立后遵守主权者所制定的法律）。

霍布斯是个无神论者，至少是个不可知论者。因此，他并不认为要人民接受特定教义、教化人民是主权者当然的权限。为了逃离悲惨的自然状态，人类应当缔结契约，以和平与防卫为目标。但从这个论述之中，他举出一个可能存在的反对意见，"自然律的目的，并非只为了维持人类的生存，而是为了在死后获得永远的幸福"，并以此为前提导出"对于拥护异教的君王应予以反抗"的论述。对于这样的主张，他的回答是："人类无法从自然界取得任何人类死后世界的相关知识。……宣称有能力以超自然方式得到答案的人，只是以他们的片面之词借由众口相传产生的信仰。"（《利维坦》第十五章第8段）。

纵使真的有神的启示，也只对被传递的人而言具有特别意义（《利维坦》第二十六章第40段），单是听说有人受到类似启示，并不构成足以可信的根据。霍布斯质疑说："所谓神职人员或预言家，只是为了在这世上获得权势，意欲支配人类而产生的。"（《利维坦》第十二章第32段、第三十六章第19段、第四十七章第17段）。这些人也同样是人，既然是人，他们便无法免于竞争、猜忌及虚荣；霍布斯站在实用主义的观点批判宗教，认为不能让不可靠的宗教、教义不明的信仰去对抗主权者，也不能让威胁世界和平及人们舒适生活的教义被宣扬。他断然认定主权者无法支配每个人的内心，他也希望人们脱离神职人员或长老的支配，"信徒应回归基督教徒最初的独立性，每个人都能依其喜好，追随保罗、彼得或亚波罗等自己所信仰的使徒。"（《利维坦》第四十七章第20段）。

对于霍布斯的论述，我们应该从这一点去理解：动摇了绝对主权便可能回到战争状态，因为这是从人的本性而生的出发点。教义该如何宣扬，应由主权者决定。

｜文献解题｜

有关蒙田的论述，摘自《随笔集》中卷第十二章"雷蒙·塞邦赞"。这里我采用了宫下志朗所译的《蒙田随笔》（四）（白水社出版，2010年）。

格劳秀斯的论述"纵使神不存在，或是神并不关心人世间的事物，此种判断方法仍是妥当的"部分，请参照《战争与和平法》序章第6节。

有关霍布斯的一生及其思想的解说，最经典的著作便是现任哈佛大学教授理查德·塔克（Richard Tuck）的《托马斯·霍布斯》，日文是由田中浩及重森臣广翻译（未来社出版，1995年）。塔克在此书叙述了霍布斯如何从怀疑论过渡到格劳秀斯简化版的自然权论，最后再建构了自己的政治哲学。

霍布斯的《利维坦》，英文版在1651年出版，拉丁文版于1668年出版。1651年正值清教徒革命、英王查理一世被处死的两年后。水田洋教授将英文版全文翻译（岩波文库出版，1992年），除了注记与拉丁文版的相异之处外，拉丁文版也翻译于附录中。希望接触英文原版的读者，个人推荐 *Leviathan*（Richard Tuck ed. Cambridge University Press，1996）及 *Leviathan*（Edwin Curly ed. Hackett，1994）两本。后者的内容包括霍布斯的自传及数种传记，并标记出 1668 年出版的拉丁文版与英文版的不同。

"巨灵"利维坦，是《旧约·圣经》约伯记中所描绘的海中怪物。当义人约伯问神，为什么自己会遭遇这么多不幸，《约伯记》中出现的神并未给予正面回应，而是以恐怖的利维坦在神力之前也必须驯服作为结论（霍布斯也在《利维坦》第三十一章第 6 段中指出）。这说明了正当与否并非由每个人来判断，而是由最强者说了算。亦可理解为神不是人，未必所有行动都需要理由，因此以理由（理性）论断神的行动毫无意义。

霍布斯的理论，从自然状态到国家的建立，并讨论这种架构是否合理等问题，但此观点直到现代依然众说纷纭。本章则是将处于自然状态的人类视为"囚徒困境"的其中一种状况进行探讨。在仅仅被关一次的囚徒困境里，背叛当事人的吸引力非常大，但在处于反复或继续的囚徒困境中，只有对方愿意提供协助且自己也提供协助这个选项，长久下来反而能获得更多利益。但只是基于自身利益这一合理推论，无法确保双方遵守契约，因此霍布斯认为：以一个普遍受到承认的权力去威吓及强制缔结契约者履约是必要的。

　　有关霍布斯的宗教观，请参见 Edwim Curley，"Hobbes and the Cause of Religious Toleration"，*The Cambridge Companion to Hobbes's Leviathan*（Cambridge University Press，2007），这篇论文从多方面来探讨这个问题。论文指出：《利维坦》出版后，霍布斯被认为是无神论者而受到众多批判及攻击，甚至有被处以火刑的危险，因此倡议宗教的宽容性对于霍布斯本人亦为有利。霍布斯晚年出版《一位哲学家与英国普通法学者的对话》（田中浩、重森臣广、新井明合译，岩波文库出版，2002 年）一书的目的之一，便是论证当时的英国对异端者处以火刑毫无法律根据。

　　霍布斯的《利维坦》不仅启发了近代主权理论，以此为基础也延伸出了近代的法人论，以及以法人论为基础的法人格论。依此，为使如同公民等以多数人的集合体为单一人格集体行动，必须存在能够统一决定公民意志的个人（君王）或议会（所谓议会亦可能包括全体公民，亦即，霍布斯认为直接民主政治是可能实现的）（参见《利维坦》第二十六章第 5 段）。这种君王或议会便称为人民的"代表"。若无代表，人民就只不过是一群乌合之众；因此霍布斯所称"社会契约"的内容，便是赋予代表（不论一人还是多人）以所有人民的名义决定人民意志的权限。有关他提及法人理论的涵义，本书第十章第4节会探讨。

保罗、彼得和亚波罗都是在耶稣死后传道的使徒。原始基督教徒之间，对于耶稣的教诲是有争执及对立的。保罗和彼得的对立请参见保罗的《加拉太书》。不过关于这个论争，也有人解释为是为了消除犹太基督教徒与异国人之间的对立而特意上演的戏码。

第三章

保障个人权利的国家——洛克

> 自然赋予人类对于幸福的欲望与对于不幸的
> 憎恶。
>
> ——洛克《人类理解论》

自然状态下个人的自由

托马斯·霍布斯出版《利维坦》之后，被认为是无神论者而备受批判。相较之下，约翰·洛克（John Locke）的《政府论》，则是以神的至高存在为前提。

洛克是以"人类都是神的创造物"为前提进行论述的。在这个前提下，人们不但是平等的，而且人类基于神所命令的自然律采取行动，可以自己判断，因此是自由的（《政府论》第二篇第 4 节）。而神赋予人理性，通过理性人人皆可认识自然律，去认识那早已深深刻画于内心的道理。

洛克虽然也是从自然状态展开论述，但他与霍布斯不同。洛克认为，自然状态下每个人拥有的自由并不是依照自己喜好做任何事的自由（《政府论》第二篇第 22 节）。人们依理性了解自然律的角度，身为神的创造物及所有物，虽然应该保护自己，但他人同样为神的所有物，只要他人没有威胁到自己，便也应当受到同等的保护。

为求保护自己的人类需要利用世上各种资源，而这些权利也是神赋予的（《政府论》第一篇第 86 节）。为有效利用资源，就必须在自然界中努力获取物资，并且使之成为自己的所有物（property）。关于此点，洛克的论述如下。

自然状态下，人类居住的这个世界，是神赋予全人类的共有物（《政府论》第二篇第 25 节），但身为受造物的人类则拥有自己的身体，因为身体是固有物（暂且不论这和人类是神的所有物这个论述有冲突）。在这个条件下，以自己身体所为的劳动，也属于自己的所有物；所以，人类以自己所有物的劳动和属于共有物的自然界相混合之后，例如抓到鹿、兔子或是钓到鱼，这些猎物就被认为是由自己所拥有（第二篇第27节）。这与住在山中村落的人们，出入属于村民的共有地割草劈柴所得的收获仍属个人所有的概念相似（《政府论》第二篇第28章）。同样，人们在不属于任何人的土地上耕作，便可将土地及耕作的收获（稻米小麦等）当作自己的所有物。以世界是全人类共有物的前提推演出每个人拥有所有权的根据，是洛克独创的见解。

就这样，即使在自然状态下，人们仍旧可以各自拥有自己的财产，组成自己的家族，以自己的判断了解自然律，并据此自由地生存。与霍布斯描绘的自然状态相比，洛克的自然状态显然善良许多。即便如此，在自然状态下仍然有各种障碍。如果出现有对人身或财产加诸不当危害，惩罚这个人的权限仍然只握在个人手中——这里所称的个人并不限于被害人。因为违背自然律之人就等于向全人类宣战，任何人都可以处罚这个罪犯；而被害人独有的权利，只能从加害人身上获得赔偿（《政府论》第二篇第7至13节）。

政治权力如何建立及消灭

洛克认为，在自然状态下，自然律的执行是交由每个人行使，而这是一个相当不稳定的状态，对于人们生命、自由及财产的保障都不够确实。况且，其一，纵使理论上任何人只要用理性都能了解自然律，但自然律并不是一个确定且众所周知的法律，无知且利欲熏心的人们便无法正确了解其内容（《政府论》第二篇第124节）；其二，在自然状态中，并没有公平且获得他人认同的法官（《政府论》第二篇第125节）；其三，就算有人能作出正确的裁判，也没有可以确实执行裁判的权力（《政府论》第二篇第126节）。因此，在自然状态下人们容易作出偏向自身利益的判断或执行，且即使有人作出了公平的判断，也无法期待能够被彻底执行。

因此，人们为确保自己固有的生命、自由、财产而建立了政治社会，并使原本属于个人的自然律判断权及执行权全部集中由政治权力行使（《政府论》第二篇第123～124节），这便是社会契约。这个集结众人的政治权力，虽然亦可由该政治社会以多数决直接行使（直接民主），但多数情况还是以多数决将之信托（trust）予少数人组成的政府（《政府论》第二篇第132节）。霍布斯认为，通过人们之间订立的社会契约可直接将自然权转让予主权者；洛克则认为应区分成两个阶段，人们先以社会契约架构政治社会，再由这个政治社会将权力信托予政府。

以此方式建立的政府所拥有的权力，当然只限于经人们同意而被集结、被信托的范围（《政府论》第二篇第135节）。即使是立法权，亦即所有政治体的最大权力，也不得恣意剥夺人民的生命或财产（《政府论》第二篇第135节）、不得仅仅设定个别性、临时性命令，而应制定恒常的规则，且规则的执行应委由独立公正的法官行使（《政府论》第二篇第136节）。政府行为如逾越上述范围，未经同意而侵害人民财产，或招致人民生命或自由上的危险，则信托予政府的权力便消失，回归到权力原本的所有人，即人民手中（《政府论》第二篇第149、222节）。

政府逾权施政最典型的例子，便是强迫人民信奉特定的宗教。组成一个政治社会并建立政府，最重要的工作便是维持每个人的生命、自由及财产安全，为了实现共同体的利益而行使权力（《政府论》第二篇第3、123~124节）。换句话说，建立政府的目的是使世俗的利益得到更好的保护。有关来生或是个人信仰，并不在政府的权限范围之内。信仰是每个人内心的问题，强迫信仰的宗教不可能使任何灵魂获得救赎。既然信托予政府的权限中不得与宗教有关，则任何人均不得以信仰为由剥夺人民在现世所拥有的生命、自由或财产。若政府硬要实施此种暴政，人民信托予政府的权力便消失，从而进入政府与人民的战争状态（《政府论》第二篇第 222 节）。回归人民的政治权力既得委由其他值得信赖的政府行使，且人民与实施暴政的政府间的纷争亦可"上达天听"（appeal to Heaven），即向神请求裁决（《政府论》第二篇第 21、241 节），亦即可以起身叛乱。

最终判断是神的决定——抵抗权论

洛克以上论述的一个问题，在于政府是否正当行使权限、是否超越其受委托范围等，以及该由谁下判断。洛克认为，能下判断的是每个人民（《政府论》第二篇第 240～242 节），当政府的作为被判断为超越权限时，人民便具有抵抗政府的权利。

霍布斯却批评说，这将使每个人有正当理由依自己主观意见反抗政府，最后沦于战争状态（《利维坦》第 29 章）。而洛克既然肯认自然状态下人们倾向作成对自己有益的判断，便有必要说明为何这一论点不会造成无政府状态。

洛克的回答大致总结如下。其一，人们有维持现状的倾向，不可能因政府犯一点小错便立即起义叛乱（《政府论》第二篇第 223、225 节）。其二，毫无成功可能的叛乱，对于人们没有吸引力。叛乱要成功，必须大多数的人都参加才会有胜算，因此，起义叛乱仅限于政府暴政所造成的恶性伤害对于过半数的人们产生影响（《政府论》第二篇第 208 至 209 节）。其三，既然叛乱是"上达天听"的手段，目的是请求神的裁决，则人们只有确信自己的行动合于正义时，才会诉诸叛乱（《政府论》第二篇第 241 节）。最后，了解"人民拥有抵抗权，暴政可能导致叛乱"的当政者，与不了解此点的当政者相较，前者会实施暴政的机率当然就降低了（《政府论》第二篇第 226 节）。

洛克认为，世上各善行及恶行的最终结果，来世仍须接受全宇宙的立法者及法官的判断，也就是神的审判，因此服从或违反神的法则会获得最大的幸福（即上天堂）或最大的不幸（即下地狱）（《人类理解论》第二篇第二十八章第 5 至 8 节）。而这正是"叛乱是请求神的裁决"的立论根据。否定神的存在则无法依来世的赏罚来判断善恶，因此对于无神论者没有必要宽容。另外，盲从罗马教皇等外国势力的天主教徒，同样欠缺判断善恶的能力，故亦无法成为宗教上宽容的对象。

善恶的基准来自于神的命令，原本是希望有个客观的标准，而且服从或违背这种善恶基准的后果，到来世才会由神进行裁决。因此纵使允许每个人各自判断、发动抵抗权，亦不会产生霍布斯所言悲惨的战争状态。这种设想正是洛克抵抗权论的基础。

洛克政治思想的界限及可能性

如上所述，经常被誉为现代自由主义与立宪主义始祖的洛克，其政治思想却呈现出基督教信仰与功利主义的奇妙混淆。自然状态下最适当的法律是什么，以个人的力量对政府进行抵抗是否合乎正义等，能下最终判断的都是神。服从或违背神的律法，都会以在来世获得永远的幸福或永远的不幸作为应报，正因如此才激励人们服从神的律法。洛克认为，相信神确实存在的根据不假外求（《人类理解论》第二篇第三十二章第70节）。只要神确实存在，而且神会把有罪的人打入永远的不幸中，人们就应该为了自己而相信神、服从神。

不过，大部分听到这番论述的基督教徒并未因此改宗。以相同逻辑展开论证的帕斯卡尔（Blaise Pascal）就经常批评洛克，他怎么完全没有考虑过另一种可能性——还存在其他神明，专门让基督教信徒受到永世惩罚。

因此，身为现代人的我们，不可能毫无保留地接受洛克的政治思想。那么究竟应该怎么看待这套论述呢？其中一个方式是在建构功利主义时舍弃有关来世的论述，仅取其论述现世的部分。边沁或穆勒便是采取这种方式。

另外一种方式，是让所有人都能享受洛克所设想的社会便利及舒适，并将其成本公平分担给所有成员。"所有人"当然必须包括新教教徒以外的人。格劳秀斯即为其例。他描述最低限度的自然律，认为纵使神不存在，或是神不理会人间事务，也仍然有效。因此这个论述可以超越特定宗教框架，让抱持不同世界观的人们一同进行社会生活。其实，虽非基督教徒却认同洛克所提倡的政治制度——如政教分离、权力分立、议会制、政府只能行使有限度的权力等——的人亦不在少数。洛克被视为自由主义与立宪主义的始祖，原因大多在此，一般人通常并未意识到他的信仰背景。

洛克认为，政府的权限仅限于保护人们的生命、自由、财产范围，而这也是建立政府最根本的目的。政府是否逾越这个界限，原则上虽交由各人判断，但该怎么拿捏判断分际，大致有下列两种看法。

第一，何谓社会整体利益，可以视当时局势作正确判断，且所谓整体利益，需和每个人权利的保护一致。这是下一章要谈到的卢梭的立场。

第二，判断什么是政府不能剥夺的个人固有权利。纵使对促进社会整体的利益有利，也仍然不能剥夺这类型权利。个人的权利和社会整体利益，不可能完全一致。现代立宪主义者大多采取这一立场。

|文献解题|

对于洛克的生平及思想的解说，以约翰·邓恩（John Dunn）的《约翰·洛克：信仰、哲学、政治》（加藤节译，岩波书店出版，1987 年）最有代表性。1632 年洛克于英格兰萨默塞特郡（Somerset）出生，后入牛津大学念医学，1666 年英王查理二世期间，受到有权有势的政治家阿胥里（日后的沙夫茨伯里伯爵）赏识，之后便担任其智囊。沙夫茨伯里伯爵带头反对身为查理二世的弟弟——约克公爵（他公然以天主教徒自居，之后继承王位成为詹姆斯二世）。沙夫茨伯里伯爵曾以议会立法等方式，极尽一切手段阻止他继位，失败后甚至以近乎叛乱的方式展开抵抗运动。现代的洛克思想学者绝大部分认为，《政府论》的主要内容都是在这段抵制王位继承运动时执笔的。

此次争斗后，沙夫茨伯里伯爵流亡到荷兰并客死异乡。1683 年，洛克由于感到自己身家性命将不保而逃亡荷兰。洛克再次回英国是 1689 年，也就是在光荣革命（原为荷兰总督，亦为当时欧洲新教势力盟主的威廉三世进攻英格兰，詹姆斯二世因此流亡法国）政权轮替之后，并于同年出版《政府论》及《人类理解论》（两本书的初版时间均记载为 1690 年，实为 1689 年）。《政府论》虽是在反对王位继承运动之际，为拥护自己所支持的运动而执笔，但并非为了使光荣革命正当化而草草撰写出版。然而不能否认，正如洛克自己在《政府论》的序言及本论中提到詹姆斯二世的退位（第二篇第 205 节）所示，该书确实也有赋予光荣革命正当性的任务。洛克从自身经验出发，认为一个国家即使已经具备权力分立或议会制度等——如同洛克于《政府论》中提倡的政治体制，亦无法否定政府仍有超越其权限的可能性。《政府论》的第一篇是对罗伯特·费尔默爵士（Robert Filmer）君权神授立场的批判，检讨他将君主的绝对支配权正当化这一见解。第二篇则说明洛克本身认定的正当统治权之根据及其界限。一般认为洛克先撰写了第二篇，因此这两篇可以分别独立阅读。费尔默爵士认为，神赋予人类大家长亚当的支配权，已经由现在各国的君主承继；洛克则批评，赋予家长权利只是为了延续后代，此种权利无法承继，且和对于人们的统治权及财产管理权并不相同，故无法从这个理论认为君主承继支配权。而且，全人类都是亚当的子孙，没有理由只有特定人才能承继这种支配权（第一篇第 96 至 98 节）。

《政府论》有多种不同的日译本，加藤节教授译《政府论二篇全译本》（岩波文库出版，2010 年）最为常见亦值得信赖。洛克所谓 property，一指所有权或所有物，另一个解释指称范围较广，包括人类的生命、自由、财产，亦即世俗一般利益。若想阅读英文版本请参照 *Two Treatises of Government*（Peter Laslett ed. Cambridge University Press，1988），还包括编者诚恳的前言，阅读较易。

本章所介绍的洛克政治理论（尤其是第 3 节和第 4 节）是以詹姆斯·杜利（James Tully）的解释为基础，他尝试将《政府论》及《人类理解论》在可能的范围内予以整合（*An Approach to Political Philosophy*: *Locke in Context*, *James Tully*, Cambridge University Press, 1988）。更详细的论述可参见拙著《宪法的理性》（东京大学出版会出版，2006 年）中第三章"国家暴力、抵抗暴力——约翰·洛克的理解”。

　　不过，有关《政府论》与《人类理解论》究竟可以整合解释到什么程度，采取怀疑立场者也不在少数。《人类理解论》确实是洛克以真名出版的著作，但《政府论》则到他临终之际都未以本名行之于世。有人认为是洛克考虑到当时詹姆斯二世还有复辟成功、凯旋归国的可能性，但也有论者以为，对于两本著作是否可以做整合式的理解，连洛克本人或许也都没有把握（前揭约翰·邓恩著作，第 27 页）。例如《政府论》中提到自然律是神的命令，每个人从一出世就牢记于心中；但《人类理解论》则从否定这种原有的观念出发，认为连正义或遵守契约的观念，都是人们为了让共同体内部的生活便利舒适才愿意遵守，并非因为与生俱来的自然律而遵守（第一篇第三章第 2节）。

　　有关帕斯卡尔对于神是否存在的论述，即有名的“赌注说”，请参阅氏著《思想录》（前田阳一、由木康译，中公文库出版，159 页）。

　　另外也有论者认为，有关洛克建构理论的背景，亦即对神的信仰这一部分，不可全盘信以为真。依据列奥·施特劳斯的《自然权利与历史》（*Natural Right and History*，冢崎智、石崎嘉彦译，昭和堂出版，1988 年）第 216 页以下的解释，洛克在自然权论中根据个人劳动来追求个人幸福以及公共利益的实现，是非常不传统，甚至是很创新的见解。比起圣经，他受到无神论者霍布斯的影响反而更深。

第四章

保护自由的国家——卢梭

遵循欲望冲动而活是奴隶，遵循自己制定的
法律才是自由。

——卢梭《社会契约论》

卢梭的提问

如前面几章所述，霍布斯和洛克虽同为社会契约论者，不论是问题出发点、想解决的问题，或理想的政府形态均不相同。卢梭同样以"依社会契约建立国家"为思考架构，但他所欲依此而解决的问题又与霍布斯及洛克迥异。

卢梭在《社会契约论》一开头便提道："人生而自由，却无往不在枷锁之中"，原因是人类虽生而自由，但无时无刻不受政府的支配。"为何有此变化我并不清楚，但是什么原因将之正当化这个问题，我却可以解释。"（《社会契约论》第一篇第一章第1段）。

卢梭将这个问题以下列方式公式化：人类在自然状态下原本是自由的，但如何保护自己的生命或财产安全，在自然状态下却出现了许多障碍。当人们无法继续在自然状态下求生存时，政府的打造便应运而生。政府是基于社会契约建立的，但是必须缔结什么样的社会契约才可认为是以集结众人之力保护各构成分子的身体与财产呢？而且，为了让每个人一方面与他人连结，另一方面又只服从自己，和以前一样拥有自由，那么社会契约又该以什么形式呈现呢？除非能够做到如同处于自然状态之下，人们只需服从自己便拥有自由的状况，支配与统治才能被正当化（《社会契约论》第一篇第六章）。

对于这个问题，卢梭的回答大致如下：国家系基于法律而行动，因此法律由谁制定便很重要。为使在国家层面下生活的人民能如自然状态一般拥有自由，法律便必须是由人民自己制定。因此，法律必须由遵守法律的人民自己制定，人们服从自己制定的法律，便应是自由的（《社会契约论》第二篇第六章第 10 段）。

不过，集结多数人制定法律，很难达成全体一致的同意。卢梭自己也承认，最初建立国家的社会契约成员必须达成全体一致决，但在其他的情形则是多数拘束少数。然而，以多数决制定法律，少数就得服从多数，那么对少数人而言不就没有自由了吗？卢梭回答，即使少数个人采取反对立场，但仍被多数通过的法律，全体公民便是同意遵守的（《社会契约论》第四篇第二章）。因为，以多数决制定的法律是与普遍意志趋同的法律。社会契约的核心思想，便是在普遍意志的指导下共同贡献自己的身体和力量（《社会契约论》第一篇第六章第 9 段）。

所谓"普遍意志"

"普遍意志"原本是神学用语，卢梭则将其概念用于与神学完全无关的领域。依据他的理论，每个人都具有促进社会整体利益的普遍意志以及促进自身利益的特别意志，其中能够成为国政方针者，仅有普遍意志（《社会契约论》第二篇第一章第 1 段）。

将每个人各自怀抱的特别意志加和，并不会产生促进社会整体利益的普遍意志。因此，必须集结每个人所怀抱的普遍意志。关于此点，卢梭认为：

让人民获得充分信息而进行讨论与沟通，纵使彼此的意见无法一致，集结多数大大小小的相异点，通常仍可归结出普遍意志，这种决议也通常会是好的意志。但若由一小伙人或少数团体牺牲大团体而得出的决议，则为团体个别的意志，对其成员而言虽是普遍意志，但对国家而言则是特别意志；此种情形可形成与团体数相同的投票者，而非与公民人数相同的投票者（《社会契约论》第二篇第三章第3段）。

这段论述颇为不可思议。人民基于充足的信息沟通后投票，作成的多数决通常便是正确的普遍意志。在这种情形下，就不可能发生少数人结党营私的事了。但为什么卢梭会这么认为呢？

最近较为有力的解释，是认为此段文字必须以"孔多塞（Marquis de Condorcet）准则"为基础才说得通。这个准则由法国大革命时的政治家、数学家的孔多塞侯爵所发现。若某议会其成员平均有二分之一以上具备选择正确答案的能力，则作成决定的成员愈多，以单纯多数决找到正确答案的机率也同样会提高。

假设有一个瓶子放了许多白球与黑球，而白球总数较黑球为多，则从瓶中取出的样本数愈多，样本中的白球多于黑球的机率也跟着提高。最后当全部的球均取出，一定会发现白球多于黑球。孔多塞准则就如同此例般单纯。

若人民面临必须从两个政策选出其一的情形（如是否要提高消费税率），纵使不深思，选到正确答案的机率也是二分之一。因此，如果能基于充足的信息让人民讨论与沟通，那么要选到正确答案的机率则高于二分之一，而一切也就并非那么不切实际。另外，如能不让那些只凭"某人说投哪个我就投哪个"的人民投票，便能提高以多数决选择正确答案的可能性。（人们只要结党组派，则实际作出决定的投票人便会减少，非但使选到正确答案的机率降低，且与追求普遍意志及社会整体利益相较，结党者容易仅仅追求个人利益。）

以多数决判断出的普遍意志如成为法律，则纵使败给多数意见的少数人，服从法律也仍然意味着自由（第四篇第二章第8段）。况且即使败给多数意见之人，他们也已经尽力探索过应被服从的人民全体之普遍意志，只是偶尔选错罢了。

不世出的"立法者"引导大众

不过，这个论述的成立需要几个前提。首先，何为普遍意志？如何才能满足社会整体利益？这些问题需要有客观的正确答案。不得仅因不知正确答案为何，且为尽可能减少不满者，而以多数决决定答案。

其次，即使何为普遍意志这个问题有正确答案，代表全体人民集会的成员也必须具有普遍意志的意识，不可为自己的特别意志进行投票。最后，代表全体人民集会的成员，必须具备能以平均二分之一以上的机率选出与普遍意志相符的正确答案之能力。一般认为，卢梭强调第二点及第三点是因为他对人民的性向及能力相当怀疑。

虽然每个人都想要幸福，但人民并非总是知道幸福是什么。普遍意志大部分虽为正确，但导引出普遍意志的判断却未必总是正确的（《社会契约论》第二篇第六章第 10 段）。因此，启蒙大众、引领大众的"立法者"（Lawgiver）便有存在的必要。卢梭所谓的"立法者"并非指起草或制定法律之人。卢梭列举出的"立法者",计有来库古、[1]摩西、穆罕默德、卡尔文等人。他在其他书简中亦曾言及,耶稣基督属于人类共享的神话角色,曾尝试以立法者的身份解放犹太人民却失败,这使得他立志创设一个世界性的宗教。

卢梭描述的"立法者"是天才,他能建构适用人民的政治制度,并经由制度让人性产生巨大变革(《社会契约论》第二篇第七章第3段)。"立法者"的逻辑过于深远,且攸关全体社会的长期利益,因此若希望以言语说服人民是不可行的,被眼前利益蒙蔽的人民也无法理解。这些"立法者"于是借用神的权威使人民信服,并且不诉诸武力而使用制度,让人民服膺于全体社会长期的利益。

换言之,要实现如卢梭所言的正当化支配,就必须出现一位不世出的天才借用神的权威。拥有这种好运的人民,会因此改变自己的本性,并拥有选择与普遍意志相符的投票能力。而没有这么好运的人民,纵使建立共和制度,也不过是各自特别意志的集结而已。这种情况下的多数决,只会导致多数人为了自己的特殊利益而压迫少数人。

---

〔1〕 来库古(Lycurgus),斯巴达制度的创始者。

另外，卢梭的这个论述并不认为宗教本身有何价值，反而认为宗教是政治的工具（《社会契约论》第二篇第七章第11段）。

此外，即使一个国家有幸出现天才"立法者"，该国也不见得能存续到永远。连斯巴达及罗马帝国都灭亡了，世上还有什么国家可以永久存续？人们会逐渐遗忘自己对于制度的热忱，立法权会被结党组派的职业政客把持，并耻笑人民集会不过是妄想；而且公民们不再愿意为了保护国家而服兵役，佣兵制度于是成为主流。人们不再为了社会整体利益而牺牲性命，只顾追求个人的利益——这就是现实世界的标准型态，无法再现"立法者"的奇迹。可被正当化的理想型政治体制，如果不借助宗教这种高贵的诈术，便无法维持（《社会契约论》第三篇）。

以上就是卢梭《社会契约论》的全貌。可能许多人对此会感到相当惊讶，那是因为能将《社会契约论》从头到尾读完的人并不多。或许也可以说，每个人从来都只相信口耳相传之言。

卢梭解读霍布斯

霍布斯的思想对卢梭影响深远，无论是将国家视为法人，还是将宗教彻底视为统治工具的态度。不过，卢梭对于霍布斯的理论仍有部分批判。

如第二章所见，霍布斯的社会契约论认为，为了逃脱人与人相互争战的自然状态，享受和平安稳的生活，人们才会缔结社会契约，将自己的自然权让予主权者，并遵从主权者所制定的共同法律而生活。

卢梭则指出，霍布斯的理论在现实世界站不住脚。追求和平安稳生活的人们所建立的政府是复数的，而政府与政府相互之间则仍处于自然状态，亦即战争状态。如此一来，反而会发生原本自然状态所无法预料的大规模战争，造成大量死伤，而且这种状态会不断重复发生。

之所以会如此，就因为国家是法人，与活生生的人类不同，是纯然理性的产物。活生生的人类，欲望自然而然有一个极限。如果吃得很饱，之后自然会有一阵子不想再吃。但国家只是存于众人脑中的约定，并没有"满足"的天性。国家对于领土或财富的欲望，可以无限扩张。而且国家的力量及规模是相对的，因此总爱拿自己和他国进行比较。如此一来，为了确保自己的安全，只能努力成为邻近诸国中最强的国家，所以不得不关心四邻发生的各种状况。如此一来，国家与国家之间的关系必然相当紧张，一旦爆发战争，便会导致规模庞大且毫无节制的杀戮。自然状态下个人之间的争斗根本无法与之相提并论。

那么人类该如何是好？卢梭提出了几种方案。第一种方案是人民武装。若只有常备军队，这些士兵或许会保护提供其薪饷及地位的政府，却不一定会保护人民。人民与政府对立时，常备军便很可能站在政府那一方而压制人民。因此，应废除常备军队。当国家发生危难之际，就由每个公民持干戈以卫社稷。当代也有采取此种防卫机制的国家，例如瑞士。

第二种方案，是国家相互间应该借由联盟方式以达成和平。如此一来，各国既可维持自己的主权，当发动侵略的国家出现时，亦可联手对抗。在现代，联合国可为其例。

第三种方案比较惊人，也就是让国家消灭。如同前述，所谓国家，不过是众人抽象认知的一种约定。因此卢梭认为，国家间的战争便是对于该约定（敌国的社会契约）的攻击。依据社会契约建立国家的本来目的，是为了能更有效地保护人们的生命、自由及财产。若有个强大的敌国出现，导致自己的生命、自由及财产濒临危机时，与其诉诸战争进行抵抗，不如先消灭本国的社会契约。这也是个选项。冷战结束时，东欧诸国抛弃社会主义体制，选择与西欧国家相同的民主议会体制，便可说是此种方案的例子。日本在第二次世界大战失败后，对宪法进行了根本的修正，亦为其例。

| 文献解题 |

卢梭的《社会契约论》有桑原武夫、前川贞次郎版（岩波文库出版，1954 年）、作田启一版《卢梭选集》（七）（白水社出版，1986 年）等几种日译版本。或许想阅读法文版的读者不多，我自己使用的是 *Euvres politiques*（Jean – Jacques Rousseau, Bordas, 1989）。本书集结了卢梭所有政治论述，使用起来非常方便。剑桥大学出版社则出版了卢梭的英文版论文集 *The Social Contract and Other Later Political Writings*（Victor Gourevitched, Gourevitched ed., Cambridge University Press, 1997），各论文均有标示段落编号，十分便于引用。

"普遍意志"一词如本章所述，原本是神学用语，首先出现于保罗写给提摩太的书信第二章第 4 节之中："神希望世上每个人都能得救。"这句话使神学家开始讨论，神的意志究竟是每一个人都要拯救？还是会基于个别特殊的意志区分应拯救之人与不应拯救之人？甚或只是拯救服从神的律法之人（因为神只通过制定普遍性律法而行动）？卢梭运用世俗的意义来解读这句神学用语。有关卢梭对于共同意志的论述，请参考拙著论文"共同意志"（刊载于《法学教室》365 号第 72 页以下，2010 年 5 月）。

有关孔多塞准则，请参阅拙著《无法比较的价值迷宫——自由民主的宪法理论》（东京大学出版会出版，2000 年）第六章"多数决的'正确性'——卢梭的共同意志论与孔多塞准则"，及《宪法的理性》（东京大学出版会出版，2006 年）第十三章"为何采多数决？——依据及界限"。

至于卢梭对霍布斯所进行的内在批判，请参考《宪法的理性》第二章"'国内和平'及'国际和平'——卢梭解读霍布斯"。该文亦曾说明，卢梭的第一及第二方案，后来曾被康德的"永久和平论"引用并加以发扬。有些人认为，康德是不采武力、绝对的和平主义的先驱。这完全是误解。

卢梭谈到耶稣基督起初也是以立法者为目标的论述，参见"致法兰基尔先生书"的结尾部分。该文收录于前述剑桥大学出版社出版的英文版论文集中。

第五章
永无完成之日的国家——康德

> 人性本是扭曲的素材，不能从中产生直截的
> 事物。
>
> ——康德

保护自己免于他人的敌意

如第三章所述，洛克认为纵使在自然状态下，自然法也是妥适的，而且所有人都可以经由理性了解何谓自然法（至少《政府论》中是这么认为的）。由于世界是全体人类的共有物，因此每个人均得以自己的劳动所得作为自己固有的财产，这也

是自然法的法则之一。只不过，在自然状态下，自然法并未如众所周知的法律般有成文规定，即不能保证人们一定对其有正确的认识。即使认识，也不能保证实际上得以执行。

柯尼斯堡（原东普鲁士首府）的哲学家康德也是依照类似的脉络将其著作《道德形而上学》区分为"论法则"与"论道德"，其中"论法则"又分为第一部"私法"及第二部"公法"。在"私法"的结尾处乃至于"公法"的起始处，对于人类为何应远离自然状态并生活于社会之中，有如下的说明。

康德也认为自然状态下的自然法是妥适的，也同意环境是全体人类的共同产物。在环境中劳动便可获得固有财产的观点，亦包括于自然法的法则中。由于人类的生存都是以自我利益为目的，那么为了生存所需使用的事物，当然也可以由自己决定。（A246－247，提及本书时均以学院版康德全集《道德形而上学》的页数为参照）。

不过，"这东西只属于我"这个决定，从另一个角度来看，便是课予他人必须尊重自己所有权的义务。因此有关何物归何人所有，该人是否拥有大家都同样确信的所有权此事，便不能轻易决定。而且在自然状态下，"任何人均应克制自己去侵害他人占有之物"并无强制力（A307）。加之，每个人心里都有数，

"想当他人的主人"是人类与生俱来的倾向（除非他人比自己强悍且聪明，否则即使属于他人的权利，我亦不会加以尊重）。所以，在这种对他人的敌意造成悲剧之前，必须先确定何者为何人之物，进入已经分配完成的社会生活。康德甚至认为，无法排除他人的暴力且保障自身安全的状态，亦即停留在自然状态这件事情，本身就是最大的不法（A308）。

从以上的说明可知，康德认为，正因人类并不是非常理性的动物，容易被与生俱来的敌意牵着走，所以才应该舍弃自然状态下不清不楚的权利关系，确实分配各自的权利，在得到政治权力保障的秩序下和平共存。不过，康德之所以认为人类应脱离自然状态，还有更强烈的理由。他说，若没有以权力制定外在法律，人类就会将暴力行为及相互攻击的恶意当成格律，而且此种经验或事实并不必然要有公开法律的强制（A312）。

在没有律法的状态下（指自然状态——笔者注），不论我们认为人类多么善良及热爱正义，都仅仅只是先验的理性概念。公开律法存在的状态（法则状态）若未确立，则人民或国家相互之间皆因存在暴力行为而不安全。此种情势之所以发生，正源自于所谓的固有权利——任何人都只愿意进行自己认为是正确且良善之事，不为他人意见所左右（A312）。

自然状态下的问题，在于何人对何事物具有什么样的权利并不确定。而从易对他人产生敌意的人类性向去看，问题也不仅止于"一定会发生纷争"而已。因为，即使每个人都真诚探究何谓应然法则、何谓善行，并以此为生活准绳，但每个人的判断仍各有不同而易起冲突。结果，人们的安全当然就无法得到保障。这便是所有人都应于国家强制提供的共同法秩序下生活的理由。

这种思考相当类似于霍布斯认为的"在自然状态下，一个人对于善恶的判断仅止于主观判断，因此必然会发展成战争状态"的思考模式。

定言令式与道德格律的多样化

至此，或许有人觉得我对于康德道德理论的解释相当奇怪。或许还有人认为，曾怀着敬畏之心说过"头上有灿烂星空，道德律在我心中"（《实践理性批判》，A161）的康德，即以他所谓的定言令式为标准，对于人类应遵从的道德律就应该前后一致。可是，康德的想法未必如此。

有关定言令式，康德阐述了好几种。标准的说法如下：

让自身的格律同时为普遍的道德律，并遵从自身意欲之格律而行动（《道德形而上学之基础》，A421）。

换言之，我可以期待我个人订立的主观格律（格律是依据个人主观行为而定），可以同时成为普遍有效（亦即对所有人而言都会是格律）的客观道德律，而且我应该只遵从这种格律采取行动。

那么，根据这个要求，我是否可以寻找出我应遵从的唯一道德律？然而，康德想要告诉大家的并不是这个问题。以下让我们以这个定言令式的标准，来看看康德实际上曾经讨论的问题。

例如，为摆脱眼前的困境，是否可以随便承诺他人日后并无意愿遵守的约定？当然不可以。因为假如大家普遍同意"若是为摆脱眼前的困境，而随便承诺他人日后并无意愿遵守的约定亦无妨"，那么未来将不会再有人真心相信你的承诺。说得更清楚一点，若让众人都认为这个道德律普遍有效，缔约这件事本身便将不再为众人所接受，故此种道德律并不具有效力。因此，康德认为，人们采取行动之际不应遵守此种格律（《道德形而上学之基础》，A402－403）。

再试举一例。若自己现正处于安乐祥和的生活环境，则纵有其他生活困难的人，也不需要帮助他——是否能将这个格律规定为客观的普遍法则？康德认为，由于大家都清楚自己日后也可能陷于生活困境，所以不能将此种格律规定为普遍法则（《道德形而上学之基础》，A423）。

康德使用定言令式究竟想找出什么？一旦众人接受上述格律普遍有效，就将导致自我毁灭。故定言令式是用以判断什么是不能被认可为普遍性道德律的标准。

阿谀奉承违反道德吗？

即使如此，或许仍会有人质疑，只要了解不能作为普遍法则的道德律为何，不就可以得出道德律的普遍性方向了吗？例如，若是"为配合自己需要，说点谎亦无妨"的道德律无法成立，不就等同于承认"不要为了自己的需要随口说谎"这个普遍性道德律是客观有效的吗？

虽然可以这样解读，但也要视"普遍性"这个字的意义而定。因为康德所谓的"普遍法则"，并非仅指百分之百有效的普遍性法则。例如，康德于《道德形而上学》中的"论道德"篇中，虽曾以说谎等同于否定自己的人性，因而导出"人不应说谎"这个结论（A429），但其后又在"诡辩性问题"中提出他的思辨，若是遇到某本书的作者，由于自己不喜欢那本书，是否就不能对他说些奉承的话（A431）？换言之，康德所谓的"普遍法则"，是在一般情况下大致会被认为有效的法则，并不涉及讨论不同道德法则相互冲突而造成的困境中仍普遍被认为有效的情形。

私社会的法秩序

在自然状态下，即使每个人都很真诚地探究了正确的道德律，仍然会因认知不同而造成相互冲突。而且每个人愈是真诚探究，其判断所产生的冲突反而愈容易导致暴力冲突。所以，为了保障每个人都能基于自己的判断而自由生存，必须有个客观的法秩序，使得自由且不同的判断得以并存。这个客观法秩序能保障所有人在某个范围内有选择的权利，而在其他范围则有选择的自由。

必须要注意的是，这种法秩序不只是一种先验的决定。如第一章文献解说中介绍的休谟，他认为决定何种事物属于何人所有，正是对于协调问题的一种回答。因为社会共同的规则（即所有权制）是协调问题，答案也就可以有好几种。现今美国、法国及日本的所有权制度各有不同，并不存在哪一种更加正确的问题。只是，住在日本就必须遵从日本的所有权制度生活，如此而已。有人认为，法律规定可以有许多不同类型。但这个见解并不能成为不遵守现行法律的理由。的确，法律规定有可能形形色色，但只要这个社会已经存在现行法律，那么不遵守就没办法进行社会生活。

我们可以认为，康德就此点与休谟采取相同的立场。法秩序的内容虽有各种可能性，但既然你居住的社会已经制定其中一种法律的可能，你就必须遵守这个法律。

人性——扭曲的素材

人类如无法与他人一起群居生活，就无法活得像个人。而在该社会中，每个人都受到同等的强制力以及被要求遵守法律，如此才能确实分配何种事物属何人所有，也才能确定每个人得以自由行动以及选择自由的范围。如此一来，对于是非善恶的判断各有不同的人们，才能和平共处于这世上。康德的理论虽也可被视为是社会契约论的一种，但他认为所有人都有加入这个社会契约的义务，形态上较为特别。因为他认为，想要停留在自然状态的人们反而是"最严重的不法"。在强迫加入契约这一点上，和我们与 NHK 签署的收讯契约类似。

不过，即使进入社会状态，当人们处于共同的法秩序之下，是否就毋庸恐惧他人加诸暴力，而得以行使各自的自由？关于此点，康德的论点虽不像卢梭那么悲观，但似乎也并不很乐观。毕竟设定客观秩序的，还是活生生的人类。

遵守现存的法秩序，才能确实分配每个人各自固有的事物并予以保障，也才能决定何者为正当、何者为不法。但既然订定法律的立法者也只是个人，就不可能因此实现理想的社会状态。正如康德自己所指出的，人性本是扭曲的素材，不可能从中产生直截的事物。这个课题是人类最后应该解决的问题，换言之，这个问题实际上不可能获得解决，但我们必须永远持续努力实现这个目标。

| 文献解说 |

本章相关的康德著述，均有多种不同的日译本，在此介绍最近岩波书店出版的康德全集。本书所参考的包括岩波书店出版的康德全集第十一卷所收录的《道德形而上学》（樽井正义、池尾恭一译，2002 年），与收录于第七卷的《道德形而上学之基础》（平田俊博译，2000 年）以及《实践理性批判》（坂部惠、伊古田理译）。

康德的"人性本是扭曲的素材，不可能从中产生直截的事物"这句话，是政治思想史学者以赛亚·伯林最喜欢引用的一句话，亦成为他的论文集的书名 The Crooked Timber of Humanity（Isaiah Berlin, Henry Hardy ed., Princeton University Press, 1990）。这句话本身出自"世界公民观点的普遍历史的理念"的命题六，收录于岩波书店康德全集第十四卷《历史哲学论集》（福田喜一郎译，2000 年）。

有关为何人类应在国家的支配下生存，康德与霍布斯有类似的论述，请参阅《立法的复权：议会主义的政治哲学》第三章"康德的实证主义"（Jeremy Waldron 著，长谷部恭男、爱敬浩二、谷口功一译，岩波书店出版，2003 年）。

关于"立法者本身即为人类，因此建立让每个人都能自由行动的客观法秩序永远只是个目标，期待人类持续努力将其实现"这个论述，与康德在《永久和平论》中实现世界和平的论述类似。追求国际和平，必须使大部分拥有武装民兵的共和国并存且维持平衡，实现这个理想是人类应该永远努力的目标。与之相同，为了使动辄诉诸暴力的人类能够获得行动自由与和平共存，必须打造一个拥有强制力的客观法秩序——这也是人类应该永远努力的目标。

有关康德对于法律与道德之关系的思想，亦可参阅拙著"康德法学理论备忘"（刊于《立教法学》第 82 号，2011 年 4 月号）。

第六章

使人们得以共同生存的宪政主义

> 政治自由主义（广义的自由主义）的历史起源，在于宗教改革及其后续，也就是 16 世纪至 17 世纪之间有关宗教应否宽容的漫长争论。

——约翰·罗尔斯

区分公私的必要性

前面我们概观了霍布斯、洛克、卢梭、康德等人的国家观，以社会契约为架构讨论如何能使各种相异之人共存。从他们的论述中可以看到以下重点：国家（或政府）究竟为何存在？国家的权限、国家的权威得以被承认的范围及其界限为何？

国家最重要的任务，便是确保社会和平。人们对于是非善恶的意见容易对立。纵使不采纳霍布斯的极端立场，认为若无国家的存在便无法对于善恶进行共通的判断，而是如洛克所述，相信在抽象层次上存在一个众人的基本合意，但当适用到各种具体状况的时候，由于与每个人固有的利害相关，所以必然会产生冲突。而且如康德所言，愈是经过个人深思熟虑以及积极实践的"善"，反而会使冲突愈激烈。

当然，国家还有许多其他非做不可的事，例如防御外来的攻击、为避免外来攻击而为的外交活动，或是为了造福大众而筑桥修路、建造港湾等。只是这些任务，同样必须在社会和平获得确保之后才能开始进行。

善恶的判断虽可能产生激烈冲突，但社会契约论者仍假设：人们毕竟珍惜自己的性命，希望尽可能享受安稳且有尊严的生活，因此愿意建立国家，以保障社会的和平。尽管如此，国家的组成毕竟是由来自不同环境、拥有不同世界观的人们。为了维持国家内部的和平与建立秩序，手法必须非常讲究。而核心便是区分公共事务及私人事务，亦即公私的区分。

对于个人内心信仰的宗教，霍布斯与洛克的观点相同，都认为国家不应予以干涉。而卢梭强调普遍意志与个别意志的区别，也是先假设每个人应自由决定的事物（个别意志）以及应为了实现社会共同利益而决定的事物（普遍意志）二者有所不同。社会共同利益现在称为"社会福利"，而国家应介入的只有和社会福利相关的事物。其他事物，例如自己该信仰什么、什么对自己的人生最重要等问题，让个人自由判断反而更能维持社会和平。政府如果干涉这类问题，就如洛克所说的——反倒可能激起人民的叛变。只有政府保证不加干涉这些个人日常生活与人生中非常重要的事物，个人才会有意愿致力于促进社会共同利益。

但公私的界线究竟应该如何划分，则会依时代、社会的不同而改变，并没有一条"非如此划分不可"的界线存在。霍布斯就大体上承认政府的权限，而且他也和洛克的想法一致，认为天主教徒不该被列为宗教宽容的对象。但这和当时英格兰的特殊背景有关——防止国外天主教势力入侵或煽动内乱是他们最关心的前提。社会契约论的原始构想，乃是设定一个社会结构，让抱持不同世界观的人们都能在此和平共生，并确保社会和平及每个人安稳的生活。所以只要这种特殊背景不存在，那么天主教徒当然也应该被纳入宗教宽容的对象。

另外，被认可得以自由选择属于自己的事物，以及参与社会共同利益的讨论或决定之人，前述四位社会契约论者都认为只有成年男性具备资格。洛克的财产权论，甚至排除了他所谓并未有效活用地球资源的美洲大陆原住民，而且洛克还正当化了欧洲人在美洲大陆建立殖民地。这些见解之所以偏颇，都是由于当时时代的限制。深究社会契约的原理，根本没有理由将女性或不同种族之人排除在社会成员之外。

上述的见解，也构成了现代宪政主义思想的核心。宪政主义简单而言，就是通过宪法创设国家，同时也限制国家的权限。至于为何需要设限？则是为了要让世界观相异的人们得以公平共存。因此，必须区分公私领域，而且必须将国家的活动范围限于公领域。

或者，我们也可以换个说法。宪法的精髓就是要求人们服从国家命令，而不以个人判断为标准，一旦国家跨越了其正当权威的范围下达命令，人民便无服从国家命令之必要。

基市人权的保障与政教分离

日本宪法第三章"国民之权利与义务"中规定了各式各样的基本人权，如思想、良心自由（第19条）、信仰自由（第20

条）、隐私权（第 13 条）等。其中大部分规范了由每个人自行决定的权利，在宪法保障自由选择的范围遵守公私领域的区分。

此外，其中也谈到政教分离（第 20 条）等，具有提醒作用的规定。日本宪法明文规定不得让特定的世界观（即宗教）混迹、占据政治公领域。信奉特定宗教的族群利益，若与社会的共同利益混淆，或者不同宗教间有差别待遇，则遭遇不公正的人们不仅会因受歧视而心生不满，也必将不再有意愿为社会福利真诚奉献。这当然有可能引起社会的严重分裂。

不过，也并非所有采用宪政体制的国家都会将政教分离规定于宪法中，也有国家直接规定国教，如英国和挪威（虽然英国并无成文法典）。究竟要不要在宪法中规定政教分离原则，应从中长期的观点看该社会的政治情况或宗教对立的状况如何。如果特定宗教占据政界，是否有扭曲理性实现社会福利的危险性；或者纵使规定政教分离，应该严格要求分离到什么程度等。这些因素都需加以考虑。

另外，从宪政主义的立场制定宪法后，也不能让基本人权的保障空有文字，实则束之高阁。虽然行诸文字并非全然毫无意义，但要使其确实被遵守，也需要一些努力。例如，以分权防止国家滥权、创设违宪审查制度，以监督国家是否超越其权限、将重要原则规定于宪法典，再加上高门槛的修宪程序等。简言之，便是使宪政主义的社会基础及其各种原则不易被改变。有关这个问题，将于第二部和第三部进一步探讨。

正义情况

从霍布斯到康德，社会契约论者所设想的价值观、世界观之冲突，乃近年政治哲学中被称为"正义情况"的重要因素。所谓正义情况，并非指已经达成正义的状况，而是当"正义"是多数人组成社会必须具备的要素，为使其必要而应具备的前提状态。

关于这一问题，最早提出讨论的思想家是休谟，近年则有法哲学家哈特（Herbert Lionel Adolphus Hart）以及政治哲学家约翰·罗尔斯（John Rawls）。根据罗尔斯的理论，让人们认为正义是必要的前提亦即正义情况的内容，大致可区分为客观条件及主观条件。客观条件包括：众人群居生活、人们的身体及知识能力大致均等（霍布斯亦曾论述这一条件）、人类生存所需的资源有限且稀少。主观条件包括：纵使人们的关心或所需的对象相互重叠，仍有各自独立的生存计划，对于何者是好的生活方式想法各有不同，以及人类的知识、理解及判断能力并不完全。

在这种情况下，寻求稀少资源的人们对于"好的生活方式为何"的价值观各异，相互之间具有紧张关系，彼此竞争。此时，如何才能公平地分配社会生活的成本及利益，就必须基于正义的理念对其检讨、决定及执行。

马克思认为，若能充分发挥生产力，那么即使权力或决定其界限的法制度不存在，人们也仍能利用充裕的资源使其能力开花结果。换言之，只要让正义情况的客观条件消失，正义便没有存在的必要。到那时，国家——一个试图独占稀有资源的支配阶级拿来进行阶级斗争的工具——也就没有存在的必要，人们便可利用充裕的资源自由且幸福地生存。

但是，实际发生了无产阶级革命的国家，却不是已充分发展生产力的资本主义国家，而是俄罗斯及中国等农业国家。这些国家为了使生产力提高、抵御周围虎视眈眈的资本主义敌国，以及保卫无产阶级革命的成果，采取了无产阶级专政的策略。

至今，信仰共产主义的国家仍然存在，这也许与马克思论述中的德国政治体制有相似之处：

> 现在的德国体制早已不合时宜，同普世公理有着

明显的矛盾，本身就是众所周知的空洞"旧体制"（Ancien régime）。这个体制不过盲目地相信自己的存在以及正当性，并且要求广大的世界也要接受相同的幻想……现代的旧体制下真正的主角们早已死亡，一切世界秩序只是假象。

｜文献解说｜

黑格尔曾说，只有在国家与教会分离的情况下才能获得本质性规范，亦即自我意识的理性及道德性。而要达成与教会分离的目标，只有在教会本身分裂时才有可能（《法哲学原理》（下），上妻精、佐藤康邦、山田忠彰译，岩波书店出版，2001年，462页）。换句话说，欲使社会的共同利益与具有特定世界观的宗教保持距离，产生真正实践理性的近代国家，这个前提就是教会的分裂。当然，宗教宽容并非马丁·路德或卡尔文改革宗教的原初目的。如同现代政治哲学家约翰·罗尔斯所指出的，马丁·路德或卡尔文，和罗马教廷其实如出一辙，都是教条主义且不宽容。

这个世界充斥着无法评断优劣而且互相对立的世界观。那么，应该建构什么样的社会才能让这些价值观各异的人们平等共存呢？这个问题，罗尔斯也曾经试图回答。我们可以从《政治自由主义》（*Political Liberalism*，John Rawls，Columbia University Press，1996）一书中了解罗尔斯的观点。罗尔斯将这种社会特质称为自由主义。不过应该有不少人对此有所质疑——比方说，霍布斯算得上是自由主义者吗？在霍布斯的著作中，充其量只能看得出自由主义的萌芽而已。霍布斯虽然也主张为价值观相对立的众人建构一个平等共生的社会，但他认同政府可以拥有权威的范围却太过广泛，实在很难被认为是自由派，也很难将他归为自由主义者。把他放在宪政主义提倡者的位置，反倒比较适当。

有关近代欧洲产生宪政主义的背景，请参考拙著《重论宪法与和平》（筑摩新书出版，2004 年），尤其是第二部。其中比较复杂的讨论，是公私领域的划分，这并非指空间上或物理上的划分。例如在自家内吸烟并不能单纯认为是私领域的问题，因为这会对吸烟者及其家人的健康有害，从而造成由社会负担的医疗费用的增加，这时便成为社会共同的问题。因此，问题究竟属公领域还是私领域，应视国家会用什么理由介入而定（以及其介入是否正当）。

宪法特别注重基本人权的相关定义，如同本章所述是指

"纵使国家有理由主张应服从国家命令，人民仍有不须服从国家命的理由"，行话就是"排除性容许"（exclusionary permission）。

当国家要求人民服从自己的命令时，一定都会准备好冠冕堂皇的理由。例如某市制定了一个自治规章，规定市政府前的道路上不得散发传单。理由在于散发传单经常会把传单丢得满地，明显有损市中心道路的观瞻，不但居住在附近的市民会抗议，对于吸引观光客也一定有影响等等。但考虑到如果是在市政府前散发批评市政措施的传单，宪法便不会同意此自治条例。因为散发传单能够确保言论、表现自由以及反应不同意见和多样的利害关系，并理性地实现了全市共同的利益——这些正是一个都市之所以存在的原始目的。所以，从中长期的效果而言，宪法会选择保障散发传单的权利。

即使如此，为了守护街道的美观，遵从市政府规定不散发传单，当然也无不可。有常识的人都会这样选择吧。但从宪法理论的角度，"排除"市政府规定，散发传单反而应该是被容许的，这就是"排除性容许"的意义。有关"排除性容许"，请参见收录于东京大学编著《学问之门》（讲谈社出版，2007 年）中的"宪法学说些什么"一文。本章亦收录于拙著《宪法的 i-magination》（羽鸟书店出版，2010 年）。

　　将组织一个社会所需的基本原则写入宪法典，并且要求宪法典的修正必须经过严格的程序（这种宪法典称为刚性宪法），是"预先承诺"（precommitment）的一种形态。这也可以意译为"合理的自我约束"，最典型的例子便是结婚。两情相悦者共组家庭、生儿育女，就一定得结婚吗？有人认为不一定需要缔结婚姻契约，因为人的心情容易改变，偶尔也可能犯错。既然将对方当成一生的伴侣，除非发生剧变，否则两人不管过了十年二十年，都还愿意一同建构并维持家庭（这不但是为了双方，也是为了孩子），才是婚姻的意义所在。由于事先预测可能有判断错误的危险，便事先拘束起自己的选择，让自己不会选择错误。身为主权者的人民以宪法典事先拘束自己，限制自己政治性选择的范围。

　　本书第十章有关制定宪法权力的说明中还会再提到，宪法学上的逻辑为在制定前身为主权者的人民即已存在，人民为自我拘束而制定宪法，严格说来，与现实并不相符。最多不过是个比喻而已。话说回来，为了说明宪法"为预防未来采取不合理的行动，事先作合理的拘束"的功能，这个比喻还算简单明了。

　　有关"正义情况"，请参见约翰·罗尔斯的《正义论（修订版）》第 22 节（川本隆史、福间聪、神岛裕子译，纪伊国屋书店出版，2010 年）。另外，H. L. A 哈特《法的概念》（矢崎光监译，美铃书房出版，1976 年）的第九章第 2 节中提到，所谓"自然法最小范围的内容"，包括人类易相互伤害、人类的大致平等、有限度的利他主义、有限的资源、有限的理解力以及意志的强弱等。

从资本主义社会过渡到共产主义社会的转型期，必须有无产阶级的革命专政，这一论点请参见《哥达纲领批判》，收于筑摩书房的《马克思全集》（四）（细见和之译，2005 年）第 99 页以下。其后，列宁在《国家与革命》（宇高基辅译，岩波文库出版，1957 年）中发扬此概念，主张无产阶级经过暴力革命夺取资产阶级拥有的国家权力。无产阶级专政的过程，最后会让国家制度消灭。

本章最后马克思的话，收录于《黑格尔法哲学批判序说》中。另外，也可见诸《马克思全集》（一）（三岛宪一译，2005 年）的第 165 页。不过，与本书其他原典引用之处相同，我并未完全照抄译文，而是略有润饰。

第二部

国家与法律的结合如何影响人们的判断

第七章

法律的规范性与强制力——凯尔森与哈特

> 由于无效的法律几乎已非法律，"法律违宪"
> 者无效的说法，并无意义。
>
> ——汉斯·凯尔森《法与国家的一般理论》

在第一部里，我们探讨了国家究竟为何而存在。第二部则要探讨法律是什么，以及法律与国家的关系。首先，"法"到底是什么？现代的法学家讨论这个问题时，通常会提到汉斯·凯尔森和哈特两位法哲学家的论述。这两位的立论及关注的焦点，对于回答法是什么、法与国家关系为何，有许多发人深省的见解。

实然与应然

凯尔森是出生于奥地利的犹太法学者，除了法哲学外，在宪法及国际法领域的著作也颇为丰富。他参与过第一次世界大战后奥地利共和国宪法的起草，并担任依据该宪法设立的宪法法院法官。其后由于纳粹排犹运动高涨，凯尔森流亡美国，余生便活跃于美国。

凯尔森最著名的论点，便是强调区分"实然"（Sein）与"应然"（Sollen），以英语而言即"is"及"ought"的不同，指的便是事实与规范应严格区别。

最早开始明确主张这个论点的是休谟。休谟指出，世上的道德理论家对于神是否存在，或者对于世界万象的解释，都从"is"或"is not"的角度出发，然后导出"ought"或"ought not"的结论。但这种推论方式很不妥当。他认为，光是记述事实并不能推断出"什么事应如何做"的规范性结论。除非这个推论过程包含了至少一个的规范性表述作为前提。

法律正是规范的一种。一般而言，法律是人应如何采取行动的理由。如下一节的说明，虽然也可能有人不认同这样的看法，但凯尔森和多数人一样，仍然认为法律是规范的一种。

法预测说的问题

例如，某个县制定了"不得于餐饮店中吸烟"的自治条例。条例是法律的一种，若老实接受这个规定，便是认定在县内的餐饮店中不应吸烟。但认为法律不是规范的人则主张这个条例所说的是"如果在县内的餐饮店抽烟会被警察逮捕，然后就会进法院被判罚金"（或有这个可能性），因此只是一种预测。这便是法预测说的理论。

但事实上，法律是很难单纯地被还原成事实的叙述或预测。说白一点，在这种预测中出现的"法院"，是依法判断之后有权限宣示或变更人的权利或义务的国家机关，而这个机关的概念本身就具有规范性，并不能还原为单纯事实叙述或预测。因此，法预测说的焦点毋宁是指出法学所处理的问题，虽然是预测法院就具体个案将导出什么结论，但在进行预测的时候，条例或法律等却未必总是能够作为预测的坚强依据。但是这种见解若要成立，仍然必须首先知道"法律"究竟是什么。这和预测法院的行动不同，是为更先决的条件。如此也才能了解什么事是法律命令或禁止的。

凯尔森的"基本规范"

接下来必须说明，若前述条例确定是个规范，则这个条例是如何被实行的？凯尔森认为，我们无法以该条例的内容符合道德正确性来证明条例是我们的行动依据。即使条例有道德作后盾，但判断什么是"道德"却因人而异，结果难免产生冲突，甚至会得出"人没有必要依条例规定行动"的结论。不过，世上绝大多数的人通常不会想这么深，条例就是条例，这就已经是个充足的守法理由了。

凯尔森认为，条例具有在历史上某个时点由特定人实际制定的特质，所以才称为法律。这种法律的定义为"实证法"，亦即确实有"由某人所制定成法"的事实存在。例如上述的条例，当被确认是在××年×月×日，在一座称为"县议会"的建筑物的大厅中，数十人共聚举手（或起立）表决通过，这个条例才成立。但仅仅如此，仍然只是事实的记述，要作成"这些人聚集在某处一起举手表决后，让这个条例变成法律"这个结论，还必须有"这些人拥有代表'县议会'制定条例的权限"，这就是一种"规范性"判断。而这个规范性判断的前提，则必须要有"法律"赋予县议会制定条例的权限。在现代日本，地方自治法便是这样的一部法律。

为使地方自治法成为法律，也同样必须有"由一群国会议员聚集在某处，以举手或起立表决"的事实存在，而且这也同样只是个"事实"。事实并不能制定法律"规范"，国会的立法权乃宪法所赋予。不过，依照这个方法再往上追溯宪法规范从何而生，就走进了死胡同。因为并不存在比宪法更上位的规范（或有人认为国际法是更上位的概念，但这一想法并未获得多数人的赞同。因为国际法是否是真正的法律，仍有争议）。

那么该怎么办呢？凯尔森认为，正因为它是实证法，所以应予遵守（现存的法律本身就是守法的理由）。要清楚说明此状况，其实只有一句话，就是因为人们在心理上已经接受了服从宪法的观念，要服从法秩序里面最上位的法。

这个"应遵从宪法"的"思维上的前提"，便是凯尔森所谓的基本规范（Grundnorm）。凯尔森认为，当然，人们可能根本并未意识到自己心中存有这个"前提"，但要合理说明人们为何自然觉得应该遵从实证法，只能认为人们已经视此为行动的前提。凯尔森并未回答视此为前提是否正确（或是否有道理），他认为这并非"法科学"应回答的问题。他简单提到，法科学只处理人们如何行动、规范如何产出以及行动和规范在何种前提下才会成为可能等。

哈特的"承认规则"

哈特和凯尔森同样是犹太裔法哲学家，常年在牛津大学任教。曾经当过租税法的律师，亦曾在第二次世界大战中的政府谍报单位 MI5 工作，人生虽有各种起落，但并不像凯尔森那么曲折。

凯尔森的观点如前一节所述，认为条例或法律等实证法都是因为更上位的实证法授权才能获得实证法地位。但是否必然都会如此，哈特并不以为然。

例如在前近代社会，法律是经由人们的习惯慢慢形成及确立，其后因为人们不再遵从而渐渐衰退并消失的。但此种经由习惯形成的法律，仍应与纯粹的习惯有所区别。例如，有些人每周六都有到涩谷的百货公司购物的习惯，但却不能因此认定这些人每周六去百货公司购物的习惯是一种"法律"。哈特指出，要形成一个法，不仅应基于人们固定的行动模式，而且还必须让人们意识到该行动模式是种法律，人们所采取的行动会以此法律被评价或批判。以他的术语而言，即法必须具备"内在观点"（internal point of view）。

不过，法律经由人们的习惯而产生乃至消灭，在现代社会已不多见。至少这一过程已经不是法律形成或废止的标准案例。现代社会的变化极为剧烈，约束人们行动的规范，既有必要因应状况频繁变化，且变化时亦有必要广为人民所知。例如火车、汽车、飞机等新型交通工具的发明和使用，便有必要重新制定有关制造、维护规格或交通规则等规范，而这些新规范，不可能等待人们的习惯慢慢形成法律。为了使规范人们行动的法律确实呼应社会的人为变化，制定新法律；而又为了解决法律适用问题，创建新规则。这些"规则的规则"，就是二次规则，在现代社会是必要的。而二次规则的核心概念，便是哈特所称的"承认规则"，用来辨识或承认社会中人们应该遵从何种法律。

承认规则虽然是现代社会的产物，但也能经由习惯形成。以法官为主的公务员，经由实务惯例形成并确立的规则就是如此。例如现代英国，有"国会制定法是最高法规"这个承认规则；而现代日本，凡依据日本国宪法之规定、由国会所制定的法律，或类推适用的法律，便是承认规则下的日本法。此规则必须有以法官为主的公务员接受并实践，才能形成及存在。易言之，与凯尔森的基本规范不同，承认规则并非仅以思维为前提，而是作为一种事实而存在。当其被实行之后，便能化为内在观点。只有依据承认规则而被认定为该社会的法律，才应当被视为"法律"。

从哈特的立场，现代日本之所以认为日本国宪法是最高法规，系因公务员接受宪法是最高法规并予以实践之故。讲得更清楚一点，这里所称的日本国宪法并不只是翻翻国语辞典就可以理解的宪法条文，而只有最高法院以下的所有公务员目前所理解的日本国宪法才能算是最高法规。因此法官们所理解的宪法内容，一般外行人看来可能会认为早已超越了条文范围。

这种只为精英所接受的最高法规，与一般人民理解的最高法规完全无关，使得宪法典空洞化，变成放着好看的装饰品。本来这种极端背离人民期待的病态状态不该发生，但其实这种背离的状况每个国家多少都会出现。

哈特虽认为承认规则在现代社会到处都存在，但并未特别说明为何会到处存在。或许哈特认为，既然以法规范人们的行动，理所当然就需要能够分辨这类法的规则。既然现代社会必须有意识地制定且修正法律，并遵从法律解决纷争，则承认规则的存在就是再自然不过的了。如果想再进一步问，为什么人类过社会生活必须有社会的共同法存在，这便回到第一章所探讨的议题了。

对哈特而言，法律在何种意义之下才可以称为规范，这与前述问题也有关。如果就前近代社会如何形成法律，或从现代社会中承认规则的形成来切入，哈特似乎认为，法律其实只靠人们的意识或行动等事实来支撑。他在主要著作《法律的概念》序文中提到，这本书其实是"试论描述社会学（descriptive sociology）"。但我们不免会问，这岂非藐视了实然及应然的区别？法律并非真实给予人们应如何行动的理由，而只是人们盲信法律有提供行为准则的功能而已？

如果让哈特回答这个问题，他可能会说，这和凯尔森的理论没什么两样。凯尔森说基本规范源自人们的思维，那么依据基本规范，我们又应该遵从什么样的法呢？结果闹了半天，我们还是只能做到"该社会的人们遵从的法是某某法某某法"的事实描述而已。不过，这仍旧无法说明法律为什么可以提供人们行动基准，成为应然的"规范"，而非仅仅只是描述人们（实际上）如何行动。如前所述，凯尔森也从未对此有任何说明，基本上他完全对这个问题搁置不理。因此似乎只能说，凯尔森也认为，人们只是说服自己相信法律应被遵守而已。

不过，这是否表示法哲学的任务就此打住、法哲学仅仅是记述人们的社会行动呢？恐怕没有人能接受这种说法吧。为何法律会是规范？为何人应遵从法律？要说明理由，还是得从社会生活中"法"所扮演的角色说起。如同第一部的说明。

如何看待法律的强制力

这个问题须探讨法律及强制力间有何关系。多数法学理论家认为，法律和强制力的关系是切不断的，尤其是凯尔森。他因为过于相信法律与权力的强制无法切割，甚至极端到主张任何法律都伴随着强制力。但这种观点要怎么说明呢？比如民法中的契约规定。民法虽规定了怎样的条件便能缔结有效的契约，但即使违反，也只是所缔结的契约无法被认为有效而已，人们并不会因为未能缔结有效的契约而银铛入狱或被判处罚金。

话虽如此，不过和契约相关的法律规则，还是可以与强制力相结合。只要遵守某些条件便能缔结有效契约，之后纵使有个万一，亦可经由法院强制执行契约内容。因此，民法中的契约规定只可说是"部分"的法律，必须得与强制执行（包括支持强制执行背后的刑罚规定）合并以观，才能认为是一部完整的法。凯尔森便采取这个观点。

这种见解确实可能，但略显极端。毕竟法律的角色仍然应被认为是让一般人在过社会生活时（在一定范围内）该如何行动的指标。若认为不与强制力配成套就不是完整的法律，那么原先被认为是社会生活指标的法律，就会有相当大部分将变成不完全的法。即便是赋予特定人特定权限的宪法也一样。若是如上述方法认定"完全的法"——依照宪法制定法律，又依法律订立契约，则契约受到法律、同样也受宪法的保障，因此，完全的法得以成立。如此说来，宪法地位不免被矮化。

再次重申，此种关于法律的观点，理论上并非完全不能成立，只是略显极端，似已脱离常轨。

相反地，若过于小觑强制力的要素，同样会造成问题。阅读哈特的著作，就让人觉得，他似乎太小看了法律所具备的强制力要素。

如霍布斯所言，人们为了能安心且和平地生活、为了过着丰足而有尊严的生活，不被眼前的利害蒙蔽又不采取违反自己中长期利益的行动，那么强制人们如何行动的权力秩序就有存在的必要。守法与否，和法律命令是什么无关，应该采取何种行动本身就是理由。应遵从法律的规定，而非遵从个人的判断，是因自己的判断易为眼前利害蒙蔽——比如说不愿意只有自己纳税，或者虽然期待自己和大多数的人采取同样行动，却无法准确预测其他大部分人会如何行动，所以才允许政府制定法律，而且保证违反者将被科以处罚，这样才对于人们应采取行动的准则确立有帮助。因此法律之所以成为"规范"，成为行动准则，理由就在于此。赋予法律强制力的理由亦然。

| 文献解说 |

休谟关于"实然"与"应然"之区别的论述，载《人性论》第三篇第一部第1节最后段。

法预测说源自美国唯实主义法学派。但属于唯实主义法学的学者，也有多种不同的见解，引用之际必须注意究竟是谁、以何种脉络提出的理论。较常被引用的，是著名的美国联邦最高法院大法官霍姆斯（Oliver Wendell Holmes）在演讲中提及的，"什么是法律（the law）？法律，就是预测法院实际上将如何行动。此外的解释均属饶舌"（Oliver Wendell Holmes，"The Path of the Law"，*Harvard Law Review*，Vol. 10，No. 8，1897，p. 461）。不过请留意，霍姆斯这场演讲是以即将成为律师的法学院学生为主要听众。由于律师必须给予请托人适当的法律意见，因此当请托人的案件进入法院时，正确预测法院将如何判断就是律师必须具备的基础能力。在这个意义下，大法官把律师应习得的"法律"，解释成"对于法院如何判断的预测"或许没什么不妥。只是，这与一般常识所理解的法律并不相同。这也是本章要提醒读者的：对于霍姆斯大法官的法预测说，我们可不要囫囵吞枣地接受。

在凯尔森的一生中，他的理论曾有几次根本性的变化。他的理论，成熟时期的代表作是《纯粹法学》第二版（*Franz Deu-ticke*，*Hans Kelson*，*Reine Rechslehre*，2nd ed.，1960）。本书虽无日译版，但《法与国家的一般理论》（尾吹善人译，木铎社出版，1991 年）也是可供参考的另一代表作。原作为 *General Theory of Law and State*（Harvard University Press，1945）。有关基本规范的说明，刊于日译版的第 200～202 页。强制力为法律上本质性要素的说明，载于该书 77～78 页，而基于此观点，宪法仅是部分法规范的说明则载于该书第 238～240 页。

如同本章之举例说明，凯尔森学说的特质，就是太注重理论的一贯性，即使因此导出违反的结论也在所不惜。可以说这是凯尔森理论的弱点，却也是他的魅力。再举一例，他认为

"违宪的法律"并非无效（日本国《宪法》第98条第1项则规定，违反宪法之"法律、命令、诏敕及与国政相关之其他行为之全部或一部分，不具效力"），因为若是无效，该法就已非法律，也没有必要特意请求法院判断该法为"无效"。之所以必须诉请法院判定"违宪无效"，是因为该"违宪的法律"以"法律"之名适用于整个社会。而既然是一部现行的法律，就一定已经得到其上位规范——宪法之授权（愈讲愈奇妙）。换言之，国会制定合于宪法的"合宪的法律"之权限是来自宪法授权；但同样地，宪法其实也默示国会有制定"违宪的法律"之权限。只不过，此种"违宪的法律"是被违宪审查机关作出"违宪无效"的宣告之后才属无效。关于此点，请参见《法与国家的一般理论》第256～257页。前述日本国《宪法》第98条第1项的规定，如果是凯尔森，他大概会这么解释：此规定纯粹只是对行使违宪审查权的法院所为的指令。至于一般公民，如果以为可以依己之见自行认定某个法令违宪无效而不予遵从，那他可就要倒大霉了。

哈特的主要著作《法律的概念》于1961年出版（矢崎芳校译，美铃书房出版，1976年）。在此译文中将 rule of recognition 译成"承认规则"，是因嶋津格教授认为此规则所扮演的角色，即于该社会以实证法的身份被认定为规则，因此译为"承认规则"。本书依照嶋津教授的意见，亦译为"承认规则"。

有关经由习惯形成的规则，与现代社会形成第二层规则，请参见《法律的概念》第五章，而承认规则部分则请参见第七章。有关哈特经由习惯形成的论述，其实分散于该书的各处。《立法的尊严》（*The Dignity of Legislation*）（Jeremy Waldron 著，长谷部恭男等译，岩波书店出版，2003 年）第 15 页以下所汇整的说明，读者或许较容易理解。对于法预测说的论述如仅认为来自条文文字的解读，便无法说明这些人所称"法院"本身亦依据法律成立，亦基于法律之授权而存在。此批评可参见哈特《法律的概念》第七章第 2 节。

质疑哈特对于法律具有的强制力要素给予过低评价的，是拉兹的学生，法哲学者安德瑞·马默（Andrei Marmor），他在所著 *Philosophy of Law*（Princeton University Press，2011）的第 40～59 页中质疑：法在社会上扮演的角色为何？为充分发挥这个角色的功能，政府行使强制力不是必要的吗？如此人们才会尊重法律并且服从法律的规范不是吗？本章第 2 节中有关法预测说的论述，可参见该书相关章节的说明。

第八章

法律与道德的关系——哈特与德沃金

> 每个公民都有责任构思一个能促使公民社会
> 进步的道德原理。
>
> ——罗纳德·德沃金《法律帝国》

道德该如何定位？

上一章提到的凯尔森及哈特，都属于法律实证主义（legal positivism）的学者。这一思潮认为：能被称为"法"的只有实证法（positive law），亦即特定人于特定时间所决定的法。与此种思考相对立的，为自然法论。自然早已决定一个人从出生到死亡的一切行为准则，呈现如此准则的"自然法"才是根源性的法。而实证法只有在与自然法一致的情况下，才能被称为法。第三章提到的洛克，至少他的《政府论》似乎可以认为是自然法论的一种。

不过，纯粹的自然法论思想，在现代社会里能被多少人普遍接受呢？这实在令人生疑。如第六章所述，早期近代社会之所以出现宪政主义思想，是因为人们对于应该如何生存、世界究竟为何而存在等根本的价值观及世界观产生歧义，甚至发生严重对立。从那时开始，对于这些价值问题，大家就偏向"无须存在一个所有人都适用的自然法秩序"。

为何要遵从实证法？凯尔森并不认为"因其内容在道德上是正确的"是其答案。也是这个原因，他认为遵从道德与遵从实证法其实在逻辑上是相同的，只对于采取该观点的人而言才属有效。套用他的特殊修辞便是：只有对于将"应遵从道德秩序"这个基本规范当成自己思维前提的人，才是有效的。

不过，这里所说的"道德"具有非常特殊的意义。比方说，究竟该服从基督教教义还是佛教教义，是一个因人而异且有不同选择可能性的问题。同理，是否应该采取"道德"这个观点，也应先假定每个人有选择的自由。的确，我们都能"理解"基督教徒或佛教徒的道德体系。至于是否要"遵从"其中的某个道德，那就跟"信仰"一样，是个选择的问题。但"道德"是否原本如此呢？

这便是第一章所述的问题。当人们采取行动时，其理由何在？即使不是基于自己的判断——而是因遵从法的命令而为的判断，亦即第二层次的判断——亦然。因此，若将规范人们行动的理由称为"道德"，那么有关道德的思辨也不会只有采取"道德观点"的人得以垄断。只要人类存在，便一定会采取道德这个观点，那么便很难认为这只是"观点"的选择问题。

依据神奈川县的条例，规定在餐饮店内不得吸烟。如果选择的是"遵守实证法"，那么就不可以在餐饮店内吸烟。当然，也有人不采取这个观点。比如随处任意吸烟，这不但有害他人健康，而且过度吸烟亦有害自己的健康，造成社会负担的医疗成本增加。因此从道德观点而言，吸烟是不应被允许的。但我们可以说"我同意随处吸烟不符合道德，但因为我自己并不采取道德观点，所以禁止随处吸烟的结论不适用我"吗？

反过来说，也必须质疑：以特定的信仰或信条为前提的道德，能否被称为"道德"？适用一般人的、大家都同意的道德，不才能称之为道德吗？因为，以"从我信仰的宗教的观点，这么做才是正确的"为理由，是无法说服不同观点的人们的。

法官的良心

日本国《宪法》第 76 条第 3 项规定："所有法官均应从其良心，独立行使职权，仅受宪法及法律之拘束。"条文中的"良心"在解释上极为分歧。若采"主观良心说"，则条文所谓"良心"指的就是法官个人的良心，因此可能因人而异。相对地，采"客观良心说"则认为，裁判结果因法官个人的良心而有变化是很有问题的，因此条文所称"良心"是指法官应依"宪法及法律"这个客观意义下的良心为裁判。换言之，后者认为"从其良心"这个字眼本身并无意义。

两说看似对立，其实共同具有一种特别的假设。亦即，若条文所称"良心"具有其独立的意义，便如同基督教徒或佛教徒心中的道德，从而道德的意义便可能由个人自由选择。仅就此假设而言，或许客观良心说较为正确。

但这种假设是否适当仍有争议。所谓"宪法及法律"，所表彰的也就是实证法秩序，而为何应遵从实证法是有理由的？理由就是前面提到的，"只要是人，便不得不遵从道德"。换一种方式说法律，其实便是"良心"。既然是法官，当然应遵从实证法的规定。但僵化地适用实证法，有时亦可能得出不合理或非常怪异的结论。遇此情况，法官应回头检视"遵从实证法"这个一般性理由的背景，如此才能发现在哪些情形下不能依照字面意义解释及适用法律。何况，之所以将裁判的工作委由有血有肉的法官而非计算机，也是因为对法官有此期待。

在此意义下，实证法秩序亦成为广义的道德。法官一般依从有道德为后盾的实证法为判决，但于例外情形，亦可回归实证法背后的道德层次，从而导出与实证法条文不同的结论。依此思考模式，法官既然是人，便不得不遵从良心。因此条文中所谓从其良心，便与遵从"宪法与法律"不同，因而有其独立意义存在。

而广义的道德，并不意味人们的意见必然一致或大多一致。事实上，不一致的情形也很常见。即使如此，也不能回避"人们该如何行动"、"其理由为何"的问题。对法官而言亦然。

寻求"正确答案"

上一节说明了即便是法官也不能回避人们应该如何生存等

一般性的道德问题。将这个问题延伸下去，便会触碰到实证法是什么、是否能与道德切割思考这个疑问。换言之，如哈特所言，运用承认规则确认哪些规范属于实证法终究有其极限。不经由道德判断，仍旧无法完全确认实证法的内容。

采取这个论点的代表性学者是德沃金。他虽然在哈特之后继任牛津大学法哲学的教职，但其学说内容却彻底批判了哈特的理论。

虽然，德沃金曾说过哈特的承认规则根本不可能存在，但我们也不能全面接受这个批判。不论是英国、美国还是日本的法律专家，对于认定什么是国家典型的实证法，并不会特别觉得有什么困难，例如确认哪些是法律或条例。以日本而言，国会依据宪法制定的法律，以及依据该法律制定的下位法令都是实证法，这已是常识（有关这个论点，容后再述）。

德沃金论述的核心反倒在于，只靠这些谁都知道的、明确的实证法亦无法解决的法律问题比比皆是，所以为了解决这类法律问题，必须进行以实证法为素材的解释工作。但即便是法律专家，对于何谓适当的解决，意见对立的情形也十分常见。关于这个问题，哈特认为提供答案的实证法并不存在，这是一种"法律欠缺"。但对于法院而言，这种问题仍然必须给个答案。因此法院所给予的答案，便可说是从头造法。法官虽受实证法的拘束，但并非完全动弹不得。对于实证法未予规定的问题，必须依自己的判断，自行创造何谓具有适当且理由充分的答案。

相反地，德沃金则认为，无论面对多么困难的问题，法官都可以而且有义务寻找、发现提供答案的法律。那么，应该如何发现？即使没有直接明确给予答案的实证法，但相关的实证法却不至于完全不存在。一定找得到间接相关的法律、其下位的法令及法院判例。法官应以这些实证法为材料，探究这些实证法背后共通的普遍性理由，并将这些实证法尽可能予以整合，以最可能被接受的方式建构一套道德理论的根据。如果这套理论建构成功，便可以破解眼前的难题。由此可见，法官终究受到法的拘束，而非依据自己的判断创造全新的法。

哈特与德沃金的对立，在法哲学领域被认为是极大的课题，包括日本法哲学者在内，许多人都加入了这场论争。不过他们二人之间的立场究竟有多么不同，不是法哲学专家的外行人实在很难理解。

德沃金所描绘的，面临法律难题时法官所为的解释工作，确实是法律专家遭遇法律难题时的典型做法，而且也是正确的做法。笔者受委托撰写鉴定意见书时，也是循此方式找出答案。但是，即使进行解释工作并得出结论，也还是很难说法官究竟是否"完全受法的拘束"，或是"创造全新的法"。专家之间的见解也极度对立。即使我们折中地宣称："面对法律难题，法官不得不创造全新的法律；但同时却也进行着德沃金所说的解释工作"，这场论争依然无法有定论。

即便如此，还是会有人提出社会大众都信"法官仅仅依现行法律解决纷争"的神话，所以法律专家们即使认为"法律难题须依赖法官造法才能解决"是常识，但这种常识最好只有专家晓得，以免动摇普通社会大众对裁判制度的信赖。在此情形下，德沃金有关"法官完全受到法律拘束"的论点，对法律专家而言比较适合拿来作挡箭牌。至于法院裁判的实际状况何者才正确，则是另外一回事。

还有一个地方必须留意。德沃金所述解释工作的方法，在以法官为主的法律专家解决法律难题之际，现实中所进行的方式确实相符。但以此方式得出的结论，在法律专家间亦难以认为必然一致。德沃金先前曾强烈主张"唯一正解"（right answer thesis）——亦即必能找出大家都赞成的答案——的命题，事到如今也已不得不收回。如同第六章的说明，社会上充满着无法比较、各式各样的价值观，实证法体系的内部亦然。只要牵涉到无法比较、互相对立的价值观，就无法保证专家见解必然一致，当然也就不必然能发现"正确答案"，遑论一个"最广为人群接受的道德根据"。只能说，在进行解释工作时，法律专家或法官们应该努力寻找都同意的答案。

全都看解释吗？

德沃金另一方面亦主张，解释工作除了解决法律难题时可以使用外，在适用明定的实证法、轻松得出任何人都接受的答案之际也同样必要。依据他的理论，什么是法，只有以存在于该社会的法律、命令及法院判例全部作为材料，尽可以予以整合，且以最能让人接受的方式获得道德理论的依据，才有可能判断。简言之，不只在解决法学论文中的复杂难题时使用，即使是看似适用红灯停、绿灯行这种单纯的规则就可解决的问题。若人们不整合该社会所有的实证法，并建构出合理且最好的道德理论，便无法确实得到真正的答案。德沃金无法认同哈特所言，依承认规则来判别实证法的说法，其背景说到底便是如此。

坦白说，我很难接受德沃金这样的理论。而这与"解释"

的定义也有关。当虽有法律规定，但依规定的通常意义来解决问题遇到困难并寻求是否可能有其他理解方式时，解释便有必要；但这必须以大部分情形都能"依规定的普通字义进行理解"为前提。可是，当规定的"普通字义"并不存在的时候怎么办？所有条文，就全都有解释的必要，由于解释后得出的结论本身也是文字，所以就有更进一步解释的必要，而其结果又需要再进一步解释。最后，必然陷入不断解释而永远无法了解文义的无限循环的困境。

换个说法，即"解释工作必须是一种例外性的工作"。大部分的情形若不能"依规定的一般意义进行理解"，人们之间就不可能沟通。因此，实证法是什么？又命令了什么？这些问题大部分还是得用哈特所言的承认规则去理解，否则法律便无法成立。德沃金上述极端的主张之所以令人难以接受，便是这个理由。让我们回到日常生活想想看吧。我们在判断是否要穿越马路时，根本不可能将日本社会所有的实证法尽可能地整合，建构出合理且最好的道德理论之后才判断是否应该过马路。这种要求对一般人而言既不合理，理论上也不可能。

德沃金的论述还有另一个问题——若法律的命令必须等待每个公民建构生活与社会结构等概括性的道德理论之后才能作

判断，那么法律到底为何而存在？如同第一章的说明，法律扮演的角色应该是一种实践性的权威，不需要每个公民自己判断，只要遵从法律规定，便能采取原本当为的行动。正是因为这样，法律才被认为是种权威。但如果必须由每个人各自确立行动与实践的概括性道德理论才能理解法律命令，那法律还能是权威吗？

不过，德沃金可能会回答法律并非权威，也不应该被认为是权威。他会劝告大家该如何行动：不应依赖权威，而应由自己判断。既然如此，为了判别法律是什么而出现的承认规则便毫无存在的意义。从这个立场来看，他的理论也并非毫无道理。

问题是，若有许多人接受他的劝告，霍布斯或康德最害怕出现的事态恐将再现。所谓价值观的不可比较性，在现实上究竟能被接受到什么程度？德沃金、哈特或其忠实的承继者拉兹等人之间的不同，就在于接受程度的不同。

▏文献解说▕

凯尔森对道德的特殊见解，和他采取彻底的价值相对主义有关。他认为，道德上何者为正确、何者为良善，不可能进行客观的判断。请参阅他的"何谓正义"，收录于宫崎繁树译汉斯·凯尔森著作集第三部《自然法论与法实证主义》（慈学社出版，2010 年）。照他的看法，那么所谓"道德"便不过是一个人主观认为正确而采取特定行动的指标。

的确，何谓"道德上正确"，人们的见解经常对立。不过，也不应因此极端地导论出"讨论、检讨人们应如何行动及社会应如何组织毫无意义"的结论。凯尔森认为，道德问题的回答既不确实也不确定，故有必要搁置法律中的道德正当性问题，纯粹记述法秩序的实存状态，并从而设想出一套基本规范。不过，对于社会为何需要法律，他认为人们完全无法进行理性讨论，这一点又显得过度悲观。

拉兹认为，如果把考察人们的生活规范或社会组织的实践性理由当成"道德"问题，那么法官也并非与道德完全分离。毕竟法官也是人，法律也是广义道德的一部分。请参阅拉兹的"Incorporation by Law"（*Between Authority and Interpretation*, Joseph Raz, Oxford University Press, 2009）。而在本章中作为实例的有关日本国《宪法》第 76 条第 3 项"法官的良心"的论战，其实是一个古典的宪法问题。但过去争论的焦点，大多偏重于对一种情况的畏惧：若法官个人的道德观开始在裁判时发挥功能，就很可能将法的世界带进无法控制的不确实性与不安定性之中。可见，曾经的日本法学界受到凯尔森价值相对主义的影响有多么大。虽然，我并不确定参与论争的人士是否真的意识到了凯尔森的论点。

关于这个问题，过去的讨论还有另一个特征，便是将问题化约成"宪法是否允许法官从道德角度为考虑"。若应遵从宪法为有理由，那么应该是道德性的理由。但宪法也是法，是一种权威，与其让人们各自判断道德有效性的理由为何，倒不如遵从法律较能获得合理的结论。这种情形下，虽然此种提问方式并不算错误，但如后述，宪法在通过基本人权各条的规定解决案件之际，也要求应当一并考虑道德性的理由。宪法总不可能一方面明确要求考虑道德，另一方面又全面禁止吧。

虽然很复杂，但我还是要提醒各位：保障思想、良心自由的宪法第19条所称的"良心"，是指个人得以自由选择的"良心"。毕竟若非如此，保障此"自由"便毫无意义。因此，第19条的"良心"与第76条的"良心"，意义并不相同。第19条的"良心"仅限于私领域，是依个人喜好自由选择的"良心"。

另一个很麻烦的部分在于"道德"这个词，有时也会用于"性道德——有些行为不能公开进行"或"劳动道德——不劳动者不得食"等，表示特定的生活领域中被世人普遍遵守的惯例。但此种意义下的道德，与本章说明的道德完全不同，遵守这类道德有时有理由，有时则无理由。

德沃金于 1986 年出版的主要著作 *Law's Empire*（Havard University Press，1968），小林公教授翻译了日文版《法律帝国》（未来社出版，1995 年）。顺带一提，本章开头的题句为笔者自行翻译，并非小林教授的译文。

有关德沃金的法学理论，尤其是与哈特的承认规则针锋相对的法秩序论述，文献相当多。此处可参阅拙著《无法比较的价值迷宫》第八章"制定法之解释与立法者意志"（东京大学出版会出版，2000 年），及拙著《宪法的理性》第十五章"法源、解释、法命题"（东京大学出版会出版，2006 年）。笔者对于德沃金理论中"全部源自解释"这一前提的批判，主要参考 *Interpretationr and Legal Theory*（Andrei Marmor，Hart，2005）。就此前揭书的章节中亦有说明。有趣的是，"全部源自解释"这一命题，与当代唯实主义法学的承继者——巴黎大学荣誉教授 Michel Troper 不谋而合。此部分也请参阅前揭拙著相关章节。

德沃金有关解决法律难题时的解释工作之主张，拉兹认为也是造法方式之一。请参阅其著述《权威、法律、道德》（深田三德译，劲草书房出版，1994 年）。这篇论文亦指摘德沃金这一主张与法律具有权威性质的说法无法并存。

对于德沃金指出：为解决法律问题，不仅应依据承认规则找出可能认定的法律，更应探究其背后支持法秩序之正当性的道德原理的论述，也有人响应：只要从承认规则认定的"法"当中寻找即可。比如耶鲁大学柯尔曼（Jules Coleman）教授的论述 Negative and Positive Positivism（*Market, Morals and the Law*, Cambridge University Press, 1988）；哈特本人于 1994 年出版的《法律的概念》第二版后记中，亦提到此种回应的可能性。不过拉兹仍旧批评道，即便如此，在判断能以承认规则分辨的"法"为何之际，仍会被迫触碰到何谓"道德上妥适的原理"这一问题，结果同样会动摇法的实践性权威角色（请参照前揭"权威、法律、道德"一文）。法律的存在意义，应在于即使不为此判断，只要遵从法的诫命便能正确行事。所以，这些响应无法反证法实证主义的正确性，因而与遵从德沃金劝告的人们背负着相同的十字架。

不过，拉兹与德沃金，或拉兹与柯尔曼立场上的差异，并非水火不容。如前所述，拉兹也承认，法官既然也是人，便有时也须诉诸法律之外的实践性理由以解决纷争。我们没有必要百分之百认同实证法至上的主张，这一点在本书最后一章还会探讨。而且如同美国宪法或日本宪法，宪法本身即要求于立法及裁判之际应考虑基本人权。尊重个人、保障表现自由等等，要求的是议会或法院在决定何谓尊重（或不尊重）个人、何谓所有人均应受保障的表现自由时，应该做道德上的考虑。拉兹也承认这个观点。但他同时主张，这与完全否认法律的权威是两件事。我也认为的确如此。况且，若认为法官既然也是人，终究不能避免道德上的考虑，则区别从法律中得出的道德原理与非从法律中得出的道德原理的意义便不大。此部分论述请参见前揭 Incorporation by Law 一文。有关这个问题，本书最后一章还会再讨论。

第九章
法律发挥其功能之应备条件

道可道，非常道。

——《老子》

法　治

在上一章里，我们已经讨论了作为一般性实践理由的道德与法律之间的关系。法律和道德并非毫无关联，某种程度上，法律甚至可说是道德的一部分。法律的存在意义是什么？与其说是要求每个人思考适合自己的道德，倒不如说是依循法律决定自己应采取的行动来得更有益。也因此，有别于作为一般性理由的道德,"法律是什么"这个问题,必须交由法律自行解决。

这个问题和"法治"概念下的几个要素,有着相当深厚的关系。法治概念意义甚为分歧。有时作为一种理念,意指保障人权、实现民主等理想政治体制应有的要件。但像这样过分明确定义法治,会使"法治"成为无法独立讨论的对象。因为如此一来,政治体制所谓的"善政",几乎都可以被法治概念涵摄。在此讨论的"法治"概念比较广泛,接近大部分的现代法哲学家或政治哲学家的标准用法,亦即,为使人遵守法律成为可能,法律所应具备的要件。

法治和人治是相对的。为了让社会不是由特定人群恣意支配,而是由法律所支配,这里的"法"就必须是人人都愿意遵守的法律。为此,我认为法律应满足的条件包括下列几项。

首先是法律的公开性。只有政府官员知道法律是什么(例如以拉丁文撰写法律),而不让一般民众知道,则绝不可能让一般民众遵守法律。另外,法的内容必须明确。内容只有一句"请正确生活"的法条,无法让人们知道应该如何正确生活。法律必须写到如"不可无故伤害他人"或"行人应行走于道路右侧"这种浅白易懂的程度。不过即使条文足够明确,法的内容如果过于个人化，或过于依个别情况而巨细靡遗地决定，而不重视相互之间的关联，同样无法运作。例如法律规定，在同一条路上开车，某甲应该开右边，某乙应该开左边，那么这样任谁也无法安心开车。因为路人无法预测对面开过来的车，究竟要走右边还是走左边。

另外，就算法律规定明确且内容具有普遍性，但若是朝令夕改，到昨天还能用的法律今天忽然改成其他内容，也不可能让人民遵守法律生活。虽然法律必须依情况变化而修改，但仍然需要某种程度的安定性。此外，法律之间互不矛盾互不冲突也很重要。若依据某个法律，开出租车无需获得营业许可，却在别的法律规定仍然需要许可时，便会导致国民无所适从，无法判断究竟需不需要获得许可。

法律在事前就要先制定好也很重要。因此对于以前做过的行为，却以违反后来制定的法律为由予以处罚，就是违反法治原则。对于立法前的行为，不可能用事后才制定的法律加以规制，这在法学界就是"事后法之禁止"及"溯及既往之禁止"的概念。

法治另有一个要求，即法律不得规定不可能实行的内容。即使已经在事前很明确地公告周知，若是"只要政府要求，就必须在十分钟以内赶到政府机关"这样的内容，人民还是不可能遵守。

而即便法律规定已经满足上述要件，使用该法律的公务员也必须依据法律的规定来适用法律。因此，能够控制法律被正确运用的法院，其角色便显得相当重要。

如上所述，对于法律的公开性、明确性、普遍性、安定性、无矛盾性、不溯及性、实行可能性的要求，便是法治的要求。为使法治成为可能，上述的要件本身即为普遍实践理性的要求。而这些要求并不是制定了法律之后才出现的。

遵守法制的要求，保障人民得以预测政府行动的可能性，对于人民而言，也可以对自己应该如何行动作出合理的计划。人往往是为了实现自己的幸福而计划行动，因此其结果将会是，从整体社会的角度而言，将会有较多的人幸福地生活着。至少可以说，该社会已经具备这样的生活条件。如同第五章所述，康德认为，法律扮演的角色在于尽量兼顾道德判断互相冲突的人们各自自由行动。法律的这个功能唯有在遵守法制的要求下才有可能充分达成。

法与道德的必然关系？

法律具备上述的条件，是法律作为独立于一般道德之外的权威性角色所不可或缺的。如果人民无法理解法律到底要求什么，或是即使理解也不可能实行，当然就不可能遵从法的要求，采取正确行动。

曾在哈佛大学教授法哲学的朗·富勒（Lon L. Fuller）教授因而主张，既然法律为了发挥其之所以为法律的功能，就必须具备上述条件，可见法律与道德有其必然的关联性。这也支持了他所提倡的自然法论。

彰显法治的这些要求，乃一般实践理性之要求——当然，也未尝不可视为道德上的要求。但这和"法的内容非道德不可"的要求，又有加以区辨的必要。

即便是违反道德、不人道的法律，例如迫害少数民族、将人送进集中营屠杀等恶法，也仍然必须遵守前一节所提到的法治诸要件，否则就不能发挥作为法律的功能。为使刀子彰显其身为刀子的角色，就必须有锋利的刃；但锋利的刃既可以用于烹调美食，亦可以用于强盗。因此，遵守法制诸要件并不能保证法律的内容与道德相符。

　　同样地，让人民得以正确预测政府如何行使强制力，虽然符合法治原则，但也不会因此保证这种强制力的行使必然正确。这和被害人即便正确预知了"每个星期一晚上九点强盗们一定会准时过来抢夺金饰"也并不表示强盗的行为正确，道理是相同的。

　　此外，法治与否，与该社会是否民主基本并无关联。在英国殖民时代的香港地区，已经相当程度地实现了法治之要求，但民主并不存在于该地。但不论如何，实行让一般人民能够预测政府行动的体制，总比无法预测的体制要来得好。

法治的极限

　　法治是法秩序的其中一项要件，但也只是要件之一而已。为了满足其他要件，使得无法百分之百落实法治的情形也并不罕见。要求法具有明确性，让人民能够预测政府行动，这些确实都很重要。但是，现代民主国家的政府，往往被要求必须全方位照顾人民的生活，因此当政府行使具体权限之际，就有必要让政府于一定范围内拥有判断的空间。如果期待政府能顺应具体状况，妥当照顾国民，法治原则便会被迫稍微退让。世间万事不可能百分之百尽如人意，法的世界也不例外。

又如第六章的说明，在宪政主义体制下，宪法典本身也会要求国家行使立法权或司法权之际应基于基本权利的保障，将法律之外的道德性需求纳入考虑。对于何谓众人平等，或应该保障何种表现自由到什么程度等基本权保障之类的问题，有时候单靠法律是无法判断的，所以宪政主义才要求应在更普遍的实践理性层次上进行判断。

人们不会仅仅依循实证法的规定就能正确行事。法律作为一种权威，其功能原本即有其极限。从而，遵守法制而能实现的成就，也一样有其极限。这并无什么不可思议。

柏拉图与亚里士多德认定的"法的极限"

柏拉图及亚里士多德早已指出：法治不可能百分之百实现，同时人们也不应该以百分之百实现法治作为目标。

柏拉图在对话录《政治家篇》中指出，深谙正确统治知识之人原本就属极少数。因此，若现实中确实有熟谙正确统治知识的为政者，那么他（或他们）便不需要运用法律进行统治

（《政治家篇》，292－293）。这是因为，法律的力量原本即有其极限。换言之，穷尽一切对于众人而言均为最理想、最恰当的手段。找出最良善的方式，同时间对众人下达命令——这是法律绝对办不到的。人们本身即各有不同，人世间的所有事物亦不可能完全相同，怎么可能以法律这种单纯不变的公式提供所有人类、所有事物相同的答案呢？因此柏拉图认为，法律和那些冥顽不灵的人极为相似（《政治家篇》，294B）。

然而，我们并无法期待有什么"实际具有正确知识之人"担任统治者。尤其是由多数人统治的民主政体更是如此。柏拉图说，他无法想象大多数人都能习得正确的统治知识（《政治家篇》，292E）。因此，为了避免这些不具备正确知识的统治者沦为暴政，则交由大体而言通常都可以提供妥当答案的、规律的法律进行统治——就成了次佳方案。

关于法律的极限，柏拉图的弟子亚里士多德也有类似见解。

法虽具有普遍性，但事物总有例外，无法用"正确方式"进行一般性规定。所以，一般性规定虽有必要，但如果遇到不能以一般形态为正确规定的事物，法律通常的做法就是无视例外、采取符合较多数需求的选择。尽管法律知道这样的做法大有问题……而且，即使如此，法律也不会因此而不正确。因为错误并不存在于法律或立法者，而是存在于事物的本质。易言之，这是"个别行为"的本质问题（《尼各马可伦理学》第五卷第十章）。

原本，我们应该针对个别情事、个别行为，找出最好的答案。不过我们既无法期待所有人均具备这种能力，而且如果容许个别判断，我们就得冒着当政者作出离谱错误判断的危险。为了避开这个风险，次佳方案就是将"符合较多数的选择"公式化并普遍适用。这也正是法律的任务。

法律就是权威。比起各自判断何者最良善，不如遵从法律的规定反而能得出较为良善的判断。但是，法律也未必总能得出最好的答案。因此，柏拉图及亚里士多德所要表达的便是——"法律权威有其极限"。

| 文献解说 |

关于本章所述的法治，请参阅拙著《无法比较的价值之迷宫》第十章"何者非法治所能涵盖"（东京大学出版会出版，2000 年）。该章中，笔者的论述受到拉兹 The Rule of Law and its Virtue（*The Authority of Law*，Joseph Raz，Oxford University Press，2009）极大的影响。本章第 2 节有关朗·富勒的论述，请参阅

The Morality of Law, rev. ed.（Lon L. Fuller, Yale University Press, 1969）。富勒是当时自然法论的急先锋，曾与哈特进行过极为激烈的论战。

许多日本的宪法教科书，在解释何谓法治的时候，总爱罗列一大堆理想政治体制应有的德目：人权保障、民主主义、权力分立等。但若以如此明确狭义的意义理解"法治"，那么，单独检视法治本身便几乎毫无意义。因为人权保障、民主主义或权力分立，每一个都是需要耗费心力去探讨的问题。汇整这些之后，才是教科书所认为的法治。他们使用"法治"这个语汇的前提，大概都首先天真地假设"法治"是美好的，法治内容是彼此和谐不相冲突、可以百分之百实现的吧。

如本章所述，我认为只有以有限意义的"法治"为讨论对象，才具有学术生产性。而且，国外研究者也都以此为讨论前提，如果没有限定法治的定义，那么与外国学者对话交流之际，误解恐怕难以避免。而以拉丁文书写法律，则致使一般人难以了解是在贝卡里亚（Cesare Beccaria）所著《论犯罪与刑罚》（小谷真男译，东京大学出版会出版，2011 年）第五章所举的例。

提到法治，或许有人会联想到 19 世纪末，戴西（Albert Venn Dicey）主张的英国宪法三原则：①否定恣意的权力行使；②否定特别法院所适用及解释的特别行政法；③英国宪法的内容并非一部宪法典，而是由议会制定法及判例法所构成。不过，戴西的论点纵使在他仍在世的当时，也已经被认为是怪异的理论而成为众矢之的。有关此部分请参见前揭拙文"何者非法治所能涵盖"。

柏拉图的《政治家篇》，收录于岩波书店出版的《柏拉图全集》第三卷（水野有庸译，1976 年）。引用之处下方记载的数字和记号是斯特方（Henricus Stephanus）版柏拉图全集的页数及段落，柏拉图的日译版亦将之置于文字栏外。《政治家篇》将政治体制依据统治者人数（一人、少数人或多数人）以及是否为善政，区分了 6 个种类，这个分类并为亚里士多德的《政治学》继受。有关亚里士多德的分类，请参见本书第十二章第 1 节。

亚里士多德的《尼各马可伦理学》（高田三郎译，岩波文库，1971 年），引用之处所载数字是贝克版（August Immanuel Bekker）全集的页数，同样置于日译版的文字栏外。法治并非总能给予最好的答案。这和医师开立处方笺是相同的，两者都必须依据每个病患的病征、体质或其他疾病等才能决定如何用药，不能因为有某个症状，就一定使用某种药物。

亚里士多德将永远不变之真理的知识（episteme），与因时地的不同而有变化的实践之判断（phronesis），二者作了区别。他认为，法律对于实践性问题，仅能以一般形式为规定，但由于实践判断（因时地而变化）原本便无法以一般形式为规定，因此，以事物的本质观之，期待法律恒常提供正确答案，根本不可能。东方思想中与之相对应的格言，应该就是《老子》开篇的两句话——"道可道，非常道"吧。

第十章

法律与国家——何者优先？

当人民主张宪法为其起源时，人民就必须经由宪法才能成为法律上的存在。因此，"人民为宪法之起源这一主张只在政治上具有意义"于法学上则不可能。

——凯尔森《法与国家的一般理论》

无宪法即无国家

在本书的第一部中，我们谈到了这些问题：国家为何存在？人们为何缔结这种约定，而且愿意服从国家的命令？服从国家的命令是否有正当理由？简言之，这些问题便是，国家是为了服务人民而存在的（唯其如此，才能赋予国家存在的正当性）。主张国家是权威而听命于国家的理由，正在于与其让每个人各自思考、判断自己该如何行动，毋宁听命于国家更能适当地采取正确行动。唯有制定这样的法律，国家才有存在的正当性。相反地，若国家完全或几乎无法达成这些任务，那么这种国家就不是正当的国家，人民也没有必要服从这种国家制定的法律。

这是从国家的任务角度对国家所做的说明。不过，法律既然是国家制造的产物（姑且不论自然法的存在），则从法律的观点出发，又该如何看待国家？

综观宪法教科书，一开始都会说明宪法的各种意义。最具代表性的，便是实质意义的宪法及形式意义的宪法。后者的说明很简单，亦即被赋予"宪法"之名的法典，即形式意义的宪法。例如，日本有"日本国宪法"形式意义的宪法，美国也有"美利坚合众国宪法"这部形式意义的宪法，英国则没有形式意义的宪法。

德国的形式意义宪法称为基本法（Grundgesetz）。第二次世界大战以后联邦德国建国之际，原本设想未来德国统一之后再另外制定"宪法"，基本法只是一部暂时性的宪法，故并未称其为宪法（Verfassung）。但在冷战结束后德国统一时，德国立即面临着许多建设新国家的难题（如新的德国是否需要和曾与旧西德缔结条约的所有国家重新缔约等），因此以旧东德的各邦与既存的西德合并的形式让两德统一。结果，"基本法"目前仍然是德国宪法，未来大概也仍然如此。

相对地，说明实质意义的宪法比较复杂。大部分的教科书会说明，宪法是规定国家基本组织及权限分配的法律，因此只要是国家，就一定会有宪法。重点是：为什么只要是国家，就一定有这种意义下的宪法。

国家是人民的约定，只存在于我们的心中，既看不到也摸不着。虽说富士山或利根川是日本的国土，但富士山或利根川本身也不过是大自然的山川，说是"日本的国土"，也是因为戴了这个说法的眼镜看这些大自然的环境。同样地，位于霞之关的中央政府办公大楼，本身也只是钢筋和水泥块；而日本国旗上的那轮红日，也不过是在白布中间涂上红色圆圈而已。

虽然只是存在于人民心中的约定，但国家和血肉之躯的人们一样会行动。例如，与其他国家交涉、争战，没收人民的财产，甚至与公司进行交易。

国家发动战争时，操纵轰炸机、发射导弹的，都是血肉之躯。但这些人是以国家机关的身份行动。例如，当一名为麦特·戴蒙的士兵按下发射导弹的按钮，也不是麦特·戴蒙自己发射导弹，而是美国这个国家发射导弹。

相同地，税务机关的公务员向我们征收税捐，也不是为了让他个人积蓄增加，而是为了增加国家或地方自治团体的收入。至于他为什么能向我们征收税捐，这是因为法律赋予他这个权限。再问，为什么法律可以赋予一个人这种权限？因为宪法授权国会制定此种法律并赋予这种权限。这便是他为何能以国家机关的身份征收税捐的理由。

这里所称的"宪法"，并不限于形式意义的宪法。没有形式意义宪法的国家也会征收税捐，也提供警察和消防等服务。国家为了能够征收税捐，或提供警政服务，必须拥有具体个人所构成的"机关"，而这些机关的权限，最终都来自宪法。这便是实质意义的宪法。换言之，实质意义的宪法，也就是规定谁能以国家之名行动、行动时应经由何种程序、行动范围又是如何等的基本规则。如此一来，所有国家当然都存有实质意义的宪法，因为如果没有这种意义的宪法，就等于没有国家。

国家为法人

将前一节的论述换个说法，便是"国家是法人"。法人的典型是股份有限公司。银行或商业公司等股份有限公司在这世上随处可见。以瑞穗银行为例，这家公司其实也只存在于一般人的心中，既看不到也摸不着。瑞穗银行总行或分行的建筑物本身只是钢筋和水泥块；瑞穗银行的董事长或总裁本身，也只是有血肉的人类。但若通过一定程序，由被称为瑞穗银行董事长之人所缔结的契约，就不是董事长个人，而是瑞穗银行缔结的契约。至于谁能用什么样的程序才能代表瑞穗银行行动，则规定在瑞穗银行的"公司章程"当中。章程是规定瑞穗银行这个法人的基本组织及权限分配的规则，等于是国家的实质意义宪法。

没有章程，法人便不存在；同样，没有实质意义的宪法，国家也不存在。

说到底，既然国家只是存在于我们心中的约定，因此有些人觉得不需要国家也并非不可以。事实上，无政府主义者（Anarchist）便认为，如果没有国家，人们能过得比现在更幸福、更和平。第六章提及的马克思就认为，总有一天人们将不再受国家这个约定所拘束，而且同样能过着幸福和平的日子，因为"正义情况"已经消失。

相对地，主张国家这个约定有其必要的，则有霍布斯、洛克及康德等人。他们为何主张这个约定是必要的，第一部已经说明了。

宪法制定权之存否

上述实质意义的宪法，究竟是谁主张"这就是宪法"并且将之制定出来的呢？日本国宪法的前言，一开始即有"日本国民，经由正当选举之国会代表人为行动，……并确定这部宪法"的文字。文中的"这部宪法"，直接意义是指"日本国宪法"形式意义的宪法，但也被设定为实质意义宪法的各法典（若非如此，就无法理解为什么需要制定形式意义的宪法了）。因为从宪法前言可知，在宪法制定之前，"日本国民"便已存在，宪法是由他们确立的。用宪法学者的行话来讲便是：拥有宪法制定权的日本国民，行使此等权力制定了名为"日本国宪法"的全新宪法，而新生日本即奠基于此而诞生。只是，这是真的吗？

可以全面接受这种说法吗？

众所周知，现今的日本宪法是由麦克阿瑟将军率领的同盟国驻日占领军总司令部所起草。草案交给日本政府后，要求日本基于该草案制作宪法草案。日本政府听命行事，依"麦克阿瑟草案"起草宪法草案后，送交帝国议会进行审查并表决通过而成为现在的"日本国宪法"。从形式上而言，现在的宪法是"修订""大日本帝国"宪法而来的。宪法典前言里描述的制定宪法的经过，只是美丽的神话，与实际情形迥异。不过这种充场面的情形举世皆然，也不是日本国宪法独有。

不过，真正的问题是：在宪法制定之前，"国民"是否真的有可能存在？当然，被称为日本人的人们确实在本州岛、四国岛、九州岛、北海道等地生活，但这些人在宪法制定之前是否有能力以"国民"的身份制定宪法呢？

这应该很困难。众人的集合体欲以某种权利主体的身份行动，其法律上必须已经构成一个"法人"（这种法人称为"社团法人"）。成为法人后，这些众人的集团在法律上才可能进行某些行动。但是这类法人必须在实质意义的宪法（内容与"日本国宪法"相对应的宪法）存在之后方可能存在。否则，便不知道谁能以这个法人中的机关名义行动（亦即，这群人能否以法人名义作成统一的意思表示）。日本国宪法的前言虽谓国会是作为国民的机关而行动（用语为"代表"），但也难以说明为何国会在宪法制定前也能作为国民的机关而行动。

换言之，即使我们承认"日本国宪法"是由"新生日本"这个法人所建构，而"新生日本"则是由日本国民组成。但是，能采取法律上行动的"日本国民"亦即"新生日本"，也应该要在"日本国宪法"制定之后才会存在。

同样地，我们不得不认为，所谓在宪法制定以前便存在的宪法制定权，于法律上并无意义，而且这种想法也不会造成什么样的困扰。制定宪法时最重要的，就只不过是制定一部内容正当的宪法。为此，宪法的内容必须尽量不让具有各种价值观的众人感到不公平。以第六章提到的术语而言便是，宪法必须遵循宪政主义的理念而订定。至于为制定宪法召集特别议会审查草案，将完成的草案经由国民投票，获得多数赞成等作为宪法成立的条件，纯粹是为了作成一部尽可能获得多数人赞同且具有正当内容的宪法所采取的最恰当方式。然而，这些只是为了制定一部内容妥适的宪法所使用的手段。因此，没有必要使用"拥有宪法制定权的国民之意思表示是有必要的"等拟似法律用语来描述这些程序，而且如上所述，就算使用这种法律用语，道理也是说不通的。

　　其实，存在一个能够发挥功能的宪法（实质意义的宪法）才是最重要的。否则，国家便不能达成提供国民服务这个任务。进一步而言，更希望目前这个功能正常的宪法可以响应不同国民的不同期待，从而成为一部公正的宪法。因此，在制定宪法时，就应该让有权者有直接表达意思的机会（国民投票）。总之，要求国民投票是为了制定内容妥适的宪法所使用的手段，而不是行使宪法制定权的表现。

所谓国民代表

　　提出"法人"这个近代法基本架构的是霍布斯。法人虽不是具有血肉身躯的人类，但具有"人格"（person）。霍布斯指出，"person"是从舞台剧的变装、面具，亦即"persona"这个词的概念而来。如同演员戴上面具、换上戏服展现演技，便成了该剧中的出场人物，当人们戴上面具装扮成另一个人，就承继了那个人的人格。

　　霍布斯将人格发挥功能的情形大致分为三类：其一，血肉之躯的人类行动。这时，一个人是以本人的意思行动。亦即，这个人虽然戴着面具，却是自己的面具。其二，代理。代理人戴上本人的面具，因此代理人的行为亦被视为本人的行为。其三，需要有人代表非人类的某些事物。所谓非人类的事物，既可能是无法运用理性的儿童或疯子，也可能是教会、慈善机构或桥梁之类的无生物。一个多人集团以"法人"（社团法人）的身份行动，即为第三种情形。为使法人得以活动，而且必须存在其活动的前提，亦即法人作成统一意思表示，就必须有血肉之躯的人类戴上法人这一面具来行动，或为意思表示。这便是法人的机关（《利维坦》第十六章，第 3 ~ 10 页）。

而被称为"国民"的集团，以国家等同法人的身份行动时，该机关经常被称为"代表"。日本国《宪法》第 43 条第 1 项之规定："两议院由全体国民所选举，代表全体国民之议员组织之。"即为其例。有一种说法是将本条规定理解为"国会议员并非为自己选区的利益，而是以实现全体国民利益而于国会活动"，而从法学的观点来看，则可以理解为国会议员是作为全体国民等同法人的机关而行动。

市面上的宪法教科书有关这个规定的说明，大多均认为条文中所称的"代表"并非"法律意义上的代表"，而是"政治意义上的代表"。原因在于：虽称为"代表"，但国会议员并不受其选举母体，亦即选区居民意思的拘束才能行动。如果国会议员必须受到选举母体指令的拘束，则称其为"命令委任"，但日本国宪法并不承认"命令委任"，故此处之"代表"并非法律意义上的代表。

这种解释实在相当不可思议。典型的"法律意义上的代表"——学过民法的读者应该都知道——例如代表未成年人的监护人，或是代表股份公司等法人的机关。在这种情形下，监护人或机关不会为本人，也就是未成年人或法人的意思所拘束。毋宁由于本人是未成年人，没有意思表示能力；法人只是存在于一群人心中的约定，无法为意思表示，因此"法律意义上的代表"便代替本人为意思表示。

"国民代表"的情形也相同。"全体国民"是众人的集合体，本身并没有意思表示的能力，故需要议会代表全体国民的意思为决定。至于议会虽亦由多数人构成，但对于应经由何种程序才能为统一的意思表示（最典型的方式是多数决），事先已经规定了，所以运作并无问题。换言之，无论是日本国《宪法》第43条，或其他国家议会所宣称的"议会或议员为'代表'"，都应该解释为"法律意义上的代表"。

宫泽俊义的"国民代表的概念"

接下来便出现另一个疑问：为何市面上的宪法教科书（指日本宪法教科书）会认为国民代表只是政治意义上的代表？最早提出此说法的是宪法学者宫泽俊义（笔者的宪法学导师是芦部信喜教授，而宫泽教授为芦部教授的老师）。他提出此说，目的在于批判自己的老师美浓部达吉教授。他指出，所谓"在大日本帝国宪法之下，帝国议会为国民代表"，没有法律意义，只具有政治意义。

美浓部主张帝国议会为国民代表之原因在于，在明治宪法下，日本这个国家是由日本国民所组成的社团法人，而帝国议会为其机关。换句话说，议会便是国民的代表，而且是法律意义上的代表。他并且主张天皇同样是由国民组成的国家之机关（一般称为"天皇机关说"），因此被一群法学理论门外汉的国粹主义者所攻击。不过，从刚才的说明可知，美浓部的观点其实一点也不怪异。

对此，宫泽举出两位学者的论述，指摘美浓部的观点不正确。首先是活跃于俾斯麦时代的德意志第二帝国公法学者拉邦德（Paul Laband）。拉邦德指出：德意志第二帝国的帝国议会，议员虽然是由国民选举产生，但在法律意义上并非国民的代表。因此，当时的德国宪法第 29 条规定帝国议会为"全体国民之代表"，仅为"政治意义上的代表"。现在日本通说认为国会议员是政治意义上的国民代表，便是由此而来。

至于拉邦德为何如此主张，实际上有其脉络可循。在拉邦德的观察中，德意志帝国并非由数千万的德意志国民构成的法人，而是由二十多个邦构成的联邦国家。换言之，政治权力原本就不在国民身上，而是由各邦拥有（而且多数的邦都有国王），德意志帝国是各邦将部分权限释放出来，集中后所成立。因此，德意志帝国并非以国民为法律主体，法律主体为德意志帝国，而且是由二十多个邦构成的法人。即使宪法规定帝国议会代表全体国民，但是在法律上也毫无意义，因为国民原本就不可能是应该被代表的主体。

那么，拉邦德的主张是否可以直接适用于二战前后的日本宪法？这实在非常可疑。日本自古以来便非联邦国家，因此采取"日本这个国家是由国民构成的社团法人"的立场，完全合乎法理。因此，美浓部的主张在法学上才正确。

凯尔森的民主政治观

宫泽引述的另一位学者是凯尔森。应该说，比起拉邦德，宫泽更重视凯尔森的观点。凯尔森认为，只有当议会的议员与选举母体之间的关系为命令—委任关系时，才能称为"真正的代表"。

为了确立真正的代表关系，仅由被代表人任命或选举代表人并不够充分。必须课以代表人执行被代表人意思的法律义务，并就该义务之履行赋予法律上的保障。最典型的保障为，当被代表人认为代表人的行动不符合自己的期待时，可以罢免代表人（《法与国家的一般理论》，第435页）。

自凯尔森的立场以观，在法国大革命之后最早制定的法国1791年宪法，由于禁止对立法议会议员之命令委任，所以只是虚假的代表，而非真正的代表。

议会成员并非选举人的代表，而是全体人民，或是某些学者所言之国家整体的代表。议会成员既不受选举人任何指令之拘束，而且这些选举人也无法罢免他们。因此这个选举方式，是一种政治上的拟制（《法与国家的一般理论》，第436页）。

当然，这个见解仍然可以定义"代表"。只有在命令委任的情形才是"真正的代表"；而无视选举母体，主张代表全体国民的意思或利益者，则是政治上的拟制（fiction）。不过，这种见解得立足于一个特殊的前提。用凯尔森的说法便是"议会不可能将全体国民的利益反映于国政上"。因为凯尔森认为，"真正的全体国民的共同利益"并不存在。

凯尔森采取的是彻底的价值相对主义。"全体国民的利益"究竟是什么？根本不可能进行客观判断。实际存在的利益，只有特定职业、特定身份、特定利益团体所欲实现的各自的利益。客观的正义、公益判断标准实际上并不存在，即使有人鼓吹其存在，也只是一种意识形态，是为实现特定利益团体之利益而伪装成全体利益的宣传手法。依凯尔森所言，民主政治便是以各种对立的利益主张为前提，谋求利益团体相互间的共存与妥协。

若真如此，人们所能期待最好的状况，便是卸下"各利益团体的主张乃为实现全体国民利益"的假面具，显露出真实姿态，并将各种利益团体为实现各自的目标而相互争斗的实情公开，同时，以尽可能在实际上满足多数人的利益要求为政治目标。

因此，国会议员不该再假惺惺地大谈促进全体国民之福利，而应该老老实实地去实现选举母体的利益。而民主政治既然是由多数决方式作成结论，那么国会议员就应该不断地协商、妥协，变成国会的多数派，以求尽可能实现自己人的利益。民主政治不过就是这样，既不高尚，也不下流。

宫泽也继受了凯尔森的价值相对主义及其民主政治的观点。他之所以批判美浓部的国民代表论，说到底，便是因为价值相对主义及其必然衍生的民主政治观点与"议会乃由实现全体国民利益的议员所构成"的观点，二者互不相容之故。

不过，这种民主政治的观点，既非唯一的观点，也很难被大多数人接受。只能说是基于特殊前提所形成的、特殊的民主政治观点。下一章我们将谈到何谓民主政治。

| 文献解说 |

宪法教科书很多，最畅销的应该是笔者的宪法学导师芦部信喜所著《宪法》（第五版）（高桥和之补订，岩波书店，2011年）。有关宪法意义之说明，请参见该书第4～5页，"全体国民之代表"部分请参见282～283页。

也许有读者认为，第一节中的说明和凯尔森的说明方式类似。其实，这与哈特提出的架构也并没有太大的不同。只是凯尔森的说明是以基本规范为前提，认为宪法典是国家的最高规范，故必须遵从，否则国家即无行动之可能（换言之，才能把各种人们的行为视为国家之行为）。而哈特的架构则认为问题在于，能够分配权限给各种国家机关的"实质意义的宪法"究竟是什么（是谁、以何种程序制定出的规则可以当成认定法律的基准）？而实质意义的宪法内容，又是由以法官为主的公务员在实务上的惯例所决定。实质意义的宪法与形式意义的宪法之规定，虽然经常有许多重叠之处（至少正常的国家如此），但至于是否确实如此，则是事实问题。这两位有关这部分的说明虽然只在细节处相异，但专家的毛病就是特别讲究细节。

宪法制定权的概念，是芦部信喜教授倾全力研究的议题之一，研究成果汇整于他的著作《宪法制定权力》（东京大学出版会出版，1983年）。

笔者的立场，则如本章之说明。我认为宪法制定权这个概念，在宪法学中并不特别具有意义。请参见拙文"我们日本国民，系藉由国会中的代表者而行动，并进而确定这部宪法"（载长谷部恭男《宪法的境界》，羽鸟书店出版，2009年）。

新宪法中，虽有宪法前言宣称具国民意志，但事实上未必如此。例如法国第五共和宪法。1958年5月，当时正在争取独立的阿尔及利亚，发生了连军队都参与的叛乱行动。法国为了维护"法国的阿尔及利亚"，先设立公安委员会，并让唯一能够掌握军队的人——戴高乐将军就任首相。不过，让戴高乐就任的条件，便是必须制定新宪法，确立以总统制为核心、强而有力的行政机关。这部新宪法草案，确实以公民投票的方式获得有权人的赞同，然而由于当时情势紧急，殖民地发生独立战争，军队亦有发动政变的危险，法国人只能依赖戴高乐将军。不过，会制定一部全新的宪法，通常都是因为有紧急状态。

霍布斯的法人理论，请参见本书第二章的文献解说。第二章提到，由多数人组成的团体的机关，亦有可能是该团体所有成员组成的总会，但即使是会员总会，也必须预先制定出一套程序（例如过半数以上出席，出席者以多数决决定）才能为意思决定。单单"许多人聚集"的状态，无法将这些人集合成统一的意思表示，亦无法以法人之名行动。

想了解法人、机关、代表等概念在政治领域如何形成及发展的最新知识的读者，请参考 *Representation*（Monica Brito Vieira and David Runciman Policy，2008），其内容浅显易懂。

宫泽俊义所撰批评美浓部达吉的文章题为"国民代表的概

念"，收录于其论文集《宪法的原理》（岩波书店，1967 年）。此论文原本发表于 1934 年 8 月发行的美浓部达吉六秩祝贺论文集《公法学诸问题》（有斐阁出版）。1934 年是发生"泷川事件"——鸠山一郎文部大臣要求京都大学教授泷川幸辰辞职的第二年，[1]也是因学说遭受激烈批判，被认为有违国体，导致美浓部辞任贵族院议员的"天皇机关说事件"[2]的前一年。在那样的时代背景下，宫泽批判美浓部的学说在科学上难以成立。因为在帝国议会中，至少贵族院并非由国民选举产生，而且包括众议院在内，两院均不受国民训令之拘束。而美浓部却未见

---

〔1〕 当时的京都帝国大学法学部泷川幸辰教授之刑法学说被认为具有共产主义色彩，并导致数位法官及书记官被认为是日本共产党员而遭逮捕。此被称为"司法官赤化事件"。文部省受到贵族院议员的压力，其首长鸠山一郎以泷川著作中对于通奸罪只适用于妻子的批判不当，要求京都大学校长罢免泷川。校长虽拒绝，但文部省仍以"文官分限令"将泷川停职。此事件造成京大法学部 31 位教授全体提出辞呈表示抗议，最后其中 18 位被准予辞职，包括泷川本人均转往立命馆大学任教。此事件对于京大法学部于二战后的重建有极大的影响，亦促成了以立命馆大学为首的关西圈其他大学法学部的发展。

〔2〕 大正至昭和初年间，"天皇机关说"是国家公认的宪法学说，但随着军部势力的抬头，1935 年，军部与右派团体逼迫内阁发出"国体明征声明"，批判天皇机关说，宣称天皇是统治权的主体，日本是由天皇统治的国家。美浓部达吉为此辞任贵族院议员，但于辞职之际所发表的声明再度激怒军部与右派团体并且发出第二次国体明征声明。第二年，美浓部遭受反对天皇机关说的激进右派分子的袭击，身负重伤。

及此。因此，我认为议会为国民法律上的代表者这一论点完全没有任何实证法上的根据（《宪法的原理》）。所谓"不科学"，说到底是因为日本议员并非宫泽所认为的"真正的代表"，亦即完全受选民指令的拘束这种"代表"。但如本章说明的，这是一种以非常特殊的民主政治观点为前提的学说。

宫泽指出，提出"议会为国民代表"这一概念"在法科学上无法成立"的功劳应属拉邦德，他译为"法科学"，德文原文是"Rechtswissenschaft"。宫泽本人认为，所谓"法科学"或"法律科学"，是指能正确认识现实的法律的作业。法科学的任务在于，让"标榜与现实一致，实际上却使不符现实甚至蒙蔽事实的意识形态"现出原形（《宪法的原理》第185～188页）。

但拉邦德对于"Rechtswissenschaft"一词，并未提出如上的看法。拉邦德认为这个词是指，在现有的实证法秩序下，基于个别观念构成普遍性的法原理，再从普遍性原理导出具体结论的解释工作。虽然也有学者认为拉邦德是"法实证主义者"，但从他有关法解释任务的见解，或从他的实务进行观察，可以发现他的研究路径与第八章德沃金提倡的法解释理论非常相似。

有关宫泽对于美浓部的批判之立足点为何，其与拉邦德或凯尔森的论述有何关系，请参见拙文"全体国民的代表"（长谷部恭男著《Interactive 宪法》，有斐阁出版，2006 年）。凯尔森及宫泽论述的前提，即特殊的民主政治观点，有人称为利益团体民主主义或政治多元主义。为了避免误解，必须说明的是，此处所谓"多元主义"，与宪政主义的前提——价值观、世界观的多元性，在意义上及层次上均完全不同。由于宪政主义的立场，是认为让各式各样具有不同价值观及世界观的人们均能公平地共存于一个社会，才是正当正确的。而这与价值相对主义是完全对立的。因为价值相对主义本质上就认为，没有人知道、也没有人可以判断什么是"正确"。

第三部

民主立法好在哪里？

第十一章
为何采取多数决？

能够合理导出多数决原理的根据，不过是基于使所有人都自由是不可能的，那便应该尽可能让多数人自由。换句话说，也就是使社会秩序的普遍意志与自我意志的矛盾降到最低。

——凯尔森《民主制度的本质与价值》

由人民统治人民

第三部将谈到民主政治。民主政治或民主主义，英文为"democracy"，概念源于希腊文，指由人民（demos）所为的统治（demokratia）。因被统治者为人民，故应由人民自己统治自己，即民主政治。

但由人民自己统治的意义是什么？这却不是可以简单回答的问题。若所有人的意见都一致也就罢了，但这种情况非常罕见。实际上，若能达成全体人民意见一致，也就不用特别研究讨论了。应该如何统治？大家对此问题意见时常相左。那么，所谓人民自己统治实际上不就是多数人统治少数人而已吗？

有一种答案认为：所谓统治者为"人民"，实际上并不光是每个个人的集结，而是指具有统一的意思表示并付诸行动的、作为法人的"人民"。由于政治统治通常以国家为单位，因此也可以称为"国民"。

所谓法人既然仅仅是心中抽象的存在，国民便需要有代为行使意思，决定及行动的机关，亦即"代表"。在典型的民主政治下，首先设定其该由全体人民集会并为意思决定的直接民主制。而这里的全民集会——"人民"之机关、代表，事实上也还是法人。身为机关，为作成统一的意思表示，首先必须规定某种程序，以备意见分歧之际仍可得出结论。一般而言，即多数决。只要是全体人民以多数决决定"民意"而施政，便是"人民"统治人民。

看到这里，各位是否觉得似乎有点受骗的感觉？毕竟，如果说，只要由一个法人身份的"人民"统治，就可以算是民主政治，那其实根本没有必要召开全民集会。依照这个逻辑，不要说以选举方式选出代表组成议会作决定就是民主制度；就算身为法人机关的君王单独决策，也可能被认定是"民主政治"。如前章所见的美浓部达吉，就主张天皇也是国民的机关。从法学理论的角度而言固然如此，但从一般人的直觉想法看，"天皇决定一切"怎么可能是民主政治呢？贵族院的成员又不是选举出来的，称他们为"国民代表"不是很怪吗？宫泽的这些指摘，其实是顺着一般人对于国民主权和民主政治的常识而来。

依照一般人对于民主政治的常识，比起世袭的君主独断独行，还不如由全体人民集会以多数决作决定。就算受限于国家规模过大等因素，不可能召开全体人民集会，那么让人民选出的议会以多数决决定的方式，也才称得上是民主政治，也才更具正当性。本章将说明一般人这种感觉背后的理由为何，理由基本上大致可分为两种。

对每个人意见的尊重

第一个理由如下。关于政治，人们的意见存在分歧。例如税捐与社会福利的关系：①有人认为自己的生活自己照顾，所以税捐应尽可能减少；②也有人认为，即使现在生活安定也无法保证未来如何，因此税课得高一点，让政府进一步充实年金或医疗服务制度比较好。到底哪种政策才是正确的，不仅判断困难，而且判断的标准该如何界定也不明确，会因个人处境和所从事行业的不同而有不同意见。出生于富裕家庭、拥有财产的人，会希望课税少一点；而生来体弱多病的人，则会希望国家多负担一些费用，充实医疗服务。

虽然意见分歧，但对此议题还是需要有个全国统一的决定，总不能只让希望少课税的人课较少的税。而应该怎么做，多数决是其中一种方法。认为选第一种政策比较幸福的人和认为选第二种政策比较幸福的人哪一边较多，只要在全体人民集会进行多数决便可得知。想法单纯点便是：实施能让较多人幸福的政策，会比实施只能让较少人幸福的政策来得好。从主张社会幸福的最大化才是道德唯一指标的边沁的观点来看，以多数决来实施获胜的政策，应该可以得到最大的社会幸福。

严格而言，即使政策二的支持者比政策一的支持者多，但若实施政策二比实施政策一造成更多人的不幸，那么实施以多数决获胜的政策二，反而可能会降低社会最大多数的幸福。

不过，幸福的量化有其极限（即使问某人有多么幸福，我们也不知道回答者说的是否是实话）。即使可以正确量化，在决策之际也没有任何明确的证据显示，只能尊重对某个政策有强烈意见的人们。但这么做完全违反民主政治的基本原则，亦即应平等对待每个人的意见的原则。

上一章所提凯尔森（以及受其影响的宫泽俊义）的民主政治观点，也可以从上述的思路来理解。毕竟他是位价值相对主义者，不会把边沁之流的功利主义视为一个正确的前提。他应该会认为，由于我们不可能知道什么是绝对正确的，所以最好尽可能尊重每个人的意见之后再作成结论。换句话说，就是应该采取单纯多数决。

乍看之下，得出全体一致的结论似乎是最尊重每个人意见的做法。但若要求全体一致决，是不是只要一个人反对就能推翻大部分人的意见？即使是三分之二的特别多数决，也只要略微超过三分之一的少数派意见就能推翻多数人的意见。所以结论是，单纯多数决才是尽可能尊重每个人意见的决定程序。

从这个观点出发，若国家规模过大而无法召开全民集会，则必须以议会决定政策。议会成员便应该忠实服从选出的母体，即选区内的选举人之决定，也就是说，采用命令委任的方式才是当然之理。凯尔森之所以主张命令委任的民主政治才是真正的民主政治，背景便在于此。

议会选举与公民投票

不过，若采取命令委任制，则议员选举和全国人民直接投票也未必能够得到同样的结果。简单来说，假设全体国民共81人，以9人为一组分成9个选区，各选区只要确保5位人民的多数，便能选出自己支持的议员。计算下来，为确保9位国会议员获得5票的多数，只要全国共25位的选举人团结即可。另外，为获得全民投票过半数的赞成，则需要41位团结的选举人。因此，命令委任不一定能代替全民公投。

这种选举结果与人民意志有出入的情况，在主打政策公约型选举的时候风险更高。现在我们举个例子，观察左图中结衣、真央、树里三人对于

	A	B	C	计（A+B+C）
结衣	+3	−1	−1	+1
真央	−1	+3	−1	+1
树里	−1	−1	+3	+1

ABC 三个政策的态度。

将 ABC 分别进行公民投票，每个政策都会以二比一被否决

掉（例如赞成政策 A 的只有结衣）。但如将三个政策结合成为政策公约，由于三个人都给予 +1 的分数，故能获得全体赞成。换言之，原本每个利益团体都只强烈偏好某个政策。但为了胜选，必须将这些政策全部集结，做成包裹型的政策公约才能更有利于吸引不同利益集团支持，也即更有利于选战（假设结衣、真央和树里各代表特定的利益团体）。因为大部分的利益团体只会在特定议题上有强烈的主张，其他多数争点则不会持强烈的意见。但胜选后，移往个别政策的实践阶段，该个别政策便有可能是多数人所反对的。如果再考虑，仅仅由少数选举人支持却能获得议会过半数席次的可能性，那么多数意见不会被真正反映的机率就更大了。

确实有政治家认为，当选后必须履行公约中的所有政策。但是，忠实履行政策公约，是否真的就能保障社会整体利益？恐怕没那么单纯。政治世界反正是种无法去除伪善的世界，那么认为上述可以实现社会整体利益的主张，就只是在伪善上更添伪善而已。

多数决作为寻求正确答案的手段

为何实行多数决，还有另一个理由，那便是卢梭的主张。有关此点已在本书第四章第三节中说明。亦即，何谓社会的共同利益，是可以有正确结论的，卢梭称之为"普遍意志"。若结论是经过公民集会审慎研究，且相互不组织派系，全部出自于各人意志进行投票，最终得到的结果——也就是普遍意志，这便有很高的机率获得正确的结论。

第四章也提到孔多塞准则，亦即，欲借由公民多数决获得正确答案，需有几个前提要件。除了公民相互不组织派系、公民并非以自己或同伙的利益，而是以社会整体利益为目标进行审议及参加表决等当然要件外，全体公民对于两个选择中，能作出正确选择的能力，其机率也必须超过二分之一（如低于二分之一，则参加者愈多，以多数决获得正确答案的机率也愈趋近于零）。

这种条件，即可能成为否定各选区对于议会议员的命令委任之依据。从刚才的论述来看，当国家规模太大、必须召开议会取代全民集会时，在各选区选举议员的选举人，并非选择仅为实现自己选区利益的议员，而应选择能恰当实现国家共同利益的议员。既然要选举议员，就应该选出更能妥当体现全体国民普遍意志之人。

如果是这样，那么议会的议员应该比一般公民更具备实现普遍意志的能力。而能力较高的议员其发言或表决却必须听从能力较低的地方选举人之指示，岂非本末倒置？是故，国会议员应摆脱以私利为主的地方或支持团体的压力，而以实现国家整体利益为从政目标。

读到这里，可能有人觉得这种思考完全是精英导向，是很荒谬的论述。不过，这个论述其实也是法院拥有违宪立法审查权的理论根据。例如，对于少数种族和宗教的偏见在社会上蔓延时，可能会在立法上对他们进行不当的差别对待。而此时如果大多数人抱有偏见，那么参与民主政治过程的人愈多，产生不当立法的机率就愈高。为了解决这种问题，方法之一便是任命不受偏见左右的人为宪法法院法官，以判断某个依多数决制定的法律是否有不当歧视。

法院进行裁判时，如果法官意见有分歧，也是以多数决作出结论。但此处的多数决，并非为了多数法官的幸福，或是为使法院整体幸福最大化的多数决，而是为达成正确结论的手段。

此时，即使社会的多数意见持有偏见，宪法法院的法官亦不见得需要赞同持有偏见的多数决。相同地，议会议员亦应不局限于个别选民的考虑，而以实现国家整体利益为宗旨。

有一点我们必须要很小心。主政者较一般人民更了解什么才是"对人民最好的"这个前提，很有可能将独裁体制正当化。冷战时期的华沙公约各国，便是依此论点将所谓"人民民主主义"的独裁体制正当化。不过，尽管如此，民主政治的体制是否应该完全忽视以正确答案存在为前提的这个论点？其实不然。日本国《宪法》第43条第1项规定，国会议员代表全体国民；第51条则规定，"于议院所行之演说、讨论或表决，于议院外无须负责"。如前章说明，这个规定的目的就在于禁止命令委任。虽然从凯尔森的观点看是荒谬无稽的论点，但凯尔森学说也未必就能完全自圆其说。

虽然如此，期待国会议员脱离特殊利害关系、理性地审议及判断全体国民的共同利益，在现代的民主政治中，也未免太过于理想主义。依据孔多塞准则获得正确答案，是以参加表决者不受所属党派的影响为前提；但现在的国会议员在发言或表决时受到所属党派的严格拘束，已经是个常识。在过去，选举人仅限于有"教养与财产"的少数市民时代，地方望族可以凭着自己的财力和学养当选议员。既然是凭自己实力当选，自然可以自由发言及投票。但大众参与政治的民主政治，想当选国会议员，只能加入拥有特定政策纲领（manifesto）并有组织宣传力，且可以有效集结选票及资金的政党，并成为其中一员。既是如此，在议会中的行动必须受到所属政党的控制也是理所当然。是故，对于议员独立审议并以多数决获得正确答案的机率，便无法期望太高。

如何防止多数决的错误

如同第四节的说明，如果多数决是获得正确答案的手段，那么我们就会产生一个疑问：一般人民及其代表，以多数决获得正确答案的能力是否真的那么高？我们无法否定人民以及多数决得出错误结论的可能性，即使以第二节凯尔森的观点验证示然。比方说，既有可能用多数决破坏多数决（如纳粹德国的诞生过程便是依照多数决转换成独裁），而且即使不这么极端，多数决也可能制定出某些制度阻碍民众判断自己是否幸福所需的信息流通。

防范这种问题发生的方式之一，就是权力分立。例如，设置上一节提到的违宪审查制度，用以推翻多数决程序作成阻碍、破坏自我功能的决定。第一次世界大战期间，凯尔森所参与制定的奥地利共和国宪法，即规定设置宪法法院，并且由他亲自担任法官。从多数决是获得正确答案的手段为立场来看，当社会上大多数人抱持偏见的可能性提高时，不以民主政治通常的程序，而以法院裁判程序预先排除多数人的偏见，应该妥当得多。

另外一个著名的对应方式就是依赖中间团体（亦即处于政府及人民之间的团体）。提出这个意见的代表性思想家为托克维尔。他是法国贵族，于1831年起到1832年，访问当时仍属罕见的民主国家——美国，并将其观察及考察的结果写成两卷本《论美国的民主》。他在该书末尾提到了民主国家转变成为专制国家的危险性。

想象一下，如果这个世界会产生专制，那么专制发生的背景特征是什么？我眼前所浮现的，是许许多多相似且平等的人，对自己微小且庸俗的快乐充满幻想，由于希望获得这种快乐而不眠不休奔波忙碌的光景。任何人都躲在自己的世界里，不和其他人的命运有任何瓜葛，对他们而言，只有自己的孩子和特别的朋友是人类的全部，其他同胞或公民虽然确实在自己身边，但对他们却视而不见。即使与其他人接触，也感受不到其存在。只为了自己而存在，即使还在乎家族，也不会在乎祖国（《论美国的民主》第二卷第四部第六章）。

托克维尔的预测是，大众失去对社会共同利益的关切，只想着自己、家族和极少数朋友的利益。但在大众头上，却耸立着一个巨大的监护性权力，能保障他们的享乐、照顾他们的生活。这个权力是绝对的，行事一丝不苟、面面俱到，而且相当温和稳健。况且，这种权力在民主政治下，是由人民自己所选择的。这种状态至少能让他们安心一点，只要监护人是自己选的，人人都会心甘情愿接受其监护。既然控制枷锁的既非一位个人，亦非一个阶级，而是人民自己，所以人民都乐于被枷锁束缚。托克维尔简直像是正确预测到了现代福利国家下的社会状况。

法国传统的自由主义思潮认为，能与强力的中央政府对抗的势力，便是身为中间阶级的贵族阶层。孟德斯鸠的观察认为，贵族也并非以社会普遍利益为实现目标。贵族只想保持自己与自己所属贵族阶级的名誉。但这种看起来纯粹利己的思想及行动，令人意想不到地反而守护了一般人民的自由不受中央政府压抑，成为可以对付专制政治的防波堤。

托克维尔认为，在他那个时代的民主国家，贵族阶级已不可能再兴起；但中间团体，也就是社会上的各种结社，则成了替代方案。

我坚信，这个世界已经不可能重构贵族制度。但如果一般公民结成团体，并且是具有强大影响力的存在，一言以蔽之，便能构成贵族般的人格。

如此一来，便可以避免贵族制造成的不义与危险，也能获得全体最大的政治利益。对于政治性结社、工商业结社甚至知识与文艺结社，任何权威都不能随心所欲要求其服从，也无法私底下压制。他们是具有知识及力量的公民，这些结社拥护自我权利，拒绝权力的宰制，因此能拯救公民共同的自由。

即使是这种结社，想守护的也是自己的权利和利益。但是，这些结社活动的结果，亦能守护住一般公民"共同的自由"。托克维尔对这种结社所举的典型例子就是报社，以现代用语便是指大众媒体。媒体拼死守护自己的特殊权益（即表现自由）虽然时常遭受批判，但托克维尔的见解则认为，媒体拥护自己的权利或利益本身并不是问题（守护自己的权利，不论个人还是团体都是当然之事，媒体并非特例），重点在于，对于一般社会大众，或是对于防止政府专制之危险能发挥多少效果。假如媒体能通过表现自由使其报导或评论对实现公益发挥贡献，市民也会给予支持，从而能持续经营下去。

另外，又如上一节最后所述，任由议员们审议并且以多数决决策是否能获得与社会共同利益相关的正确认知，实在颇有疑问。那么针对每个特定论点，由政府机关支持各界专家组成"审议会"，集思广益前后一贯地力求实现国家利益的做法，也值得尝试（审议会里若意见对立，仍采多数决）。当然，官僚体系最重视的，是自己的利益。主张政府官员应该由大公无私的人担任，不但只是乌托邦式的理想，而且也不可能在这个世界实现。但是，为了保护特定私利而不惜损害社会整体利益的制度，是不可能长期运作的。政府官僚都是聪明人，不会不懂这一点。又即使是特定团体出身的审议会委员，由于进行的是公开审议，也无法太明目张胆地保护自己的团体或业界的特殊利益。毕竟，这么做只会让自己发言的影响力降低。

民主社会中其实很容易产生对精英及特权团体的攻击性言行。虽然这种攻击并非毫无理由，但人民不见得有能力及精力了解整体社会的长期利益。打倒这些精英及特权团体，只让地位及能力上均等的人类作决策，此做法值得商榷。或许有人认为，在托克维尔描述的稳健型监护权力下，只要能过安稳的生活也没什么不好。但如此一来，便等于选出一群政客，连财源在哪里都还不晓得，却随便打包票一定照顾选民，结果把所有账单丢给我们或我们的子孙。

若能如上所述，经由各种制度上的限制及与对抗势力的交涉，再由国家立法，那么要求我们认同其权威的法律，就比较难被批评是依据特定人的想法而制定的，而是在各式各样人们的议论及角力过程中，合众人之力制定的法律。

┃文献解说┃

即使在卢梭《社会契约论》中的直接民主国家，国家也是法人，而全民集会为其机关。直接民主与代议民主经常被当成对照组，但如果全民集会也是法人，即"人民"之代表，那么直接民主与代议民主就不再是对立的概念，直接民主也是代议民主的一个类型。

凯尔森的民主政治理论，请参阅其论文"民主制度的本质及价值"（长尾龙一译，收录于凯尔森著《论民主》，上原行雄等译，木铎社出版，1977 年）。本章开头的题词从其中所译。又卡尔·施密特（Carl Schmitt）对于议会制民主主义的批判（施密特指出，不能期待以政党为主角的现代民主政治），能够通过议会自由审议及表决获得达成公益的正确答案。此与凯尔森论述之相较的整理，请参见拙著《宪法的理性》第十二章"论民主主义及其敌人"（东京大学出版会出版，2006 年）。

第二节有关多数决所扮演角色的说明，可参考 Jeremy Waldron 提出的"政治环境"（circumstances of politics）公

	B₁	B₂
A₁	2,1	0,0
A₂	0,0	1,2

式（Jeremy Waldron, *Law and Disagreement*, Clarendon Press, 1999，pp. 101～103）。他指出，政治决策所需要者，虽是社会整体统一的决定，但该做什么决定会有意见对立的状况；用极为简单的图来表现，便如上图所示。

假设可能的政策选择有 1 和 2，意见大致分为两类：A 与 B，集团 A 希望 1，集团 B 希望 2，但两个集团都认为，与其继续对立而不寻求解决，不如赶快作决定。两个政策都没有哪个比较正确的问题，总之要为整个社会作成一个统一的决定。

上图在博弈论中被称为"情侣吵架"。A 与 B 是情侣，A 希望两人一起去看橄榄球赛，B 希望两人一起去看谈情说爱的电影。但比起两人分别去看球赛和电影，还是两个人选择其中一种去看来得更好。虽然吵架，最终又非和好不可，这种情形与社会的决定是相类似的。

根据某个民意调查，2009 年大选中民主党胜选的最重要原因在于对该党政策公约的期待者，不论是在全部选民，或是投给民主党的选民中，其实只有一成（"评政权轮替的背景及选举结果"，加藤元宣/藤冈隆史，刊于 NHK 放送文化研究所"播送研究及调查"，2009 年 11 月号）。"能从政治世界排除及放逐伪善的主张，只不过是在伪善上更添伪善而已"的论述，请参见 *Political Hypocrisy*（David Runciman, Princeton University Press, 2008），尤其是第二章。特别是在该伪善很可能导出"必须遵守不可能实现的约定"的结论时更是如此。毕竟"约定"与"法律"相同，在大部分情况下，遵守要比不遵守更能作出正确的行动，因此才应遵守。当然，不遵守而较好的情况也存在。

有关卢梭对于社会共同利益的正确答案，亦即获得普遍意志的手段为多数决这一想法，以及支持其理论根据的孔多塞准则，请参见本书第四章文献解说。卢梭只是认为全民集会是决定人民意志的程序，至于议会的审议、决定也只是其代替品，并未设想议会成员对普遍意志具有较高认识的能力。他在"波兰政府论"中主张，应将议员任期缩短，导入命令委任的架构，以抑制议会的权限。

关于一般公民对于政治是否具有丰富的知识这一问题，有调查结果显示为否定。根据 *Deliberation Day*（Bruce Ackerman and James Fishkin，Yale University Press，2004）第 5 ~ 7 页的资料，即使在东西冷战最严重的时候，有关苏联是否为北大西洋公约组织成员、西柏林是否位于东德等问题，超过半数的美国人民都无法正确回答；近年对于英国人询问英国宪法是否已成文化的民意调查中，有四分之一回答是成文宪法，四分之一回答是不成文宪法，剩下的一半均回答"不知道"。

托克维尔的《论美国的民主》，已经有松元礼二教授所译的杰出版本，于 2005 年及 2008 年由岩波文库出版，本章即从其翻译。托克维尔描述的专制社会，可与尼采《查拉图斯特拉如是说》（手冢富雄译，中公文库出版，1973 年）第 23 页以下所述"末人"（最后的人）的世界，亦即"最可轻蔑的人的时代"相呼应。在末人的世界，仅有一群牲畜。所有人都希望平等，也都平等。他们是聪明的，知道一切发生的事情。因此，他们不断地互相讥讪着。他们偶尔争执，但立刻言归于好，唯恐损伤了自己的胃。他们白天有自己的小快乐，夜里亦如此；但他们最重视的还是健康。听到查拉图斯特拉这番话的群众欢呼："把我们做成末人罢！我们把超人还给你！"对尼采而言，民主主义不只是政治机构的堕落形态，也是人类的堕落形态。近代人类价值的萎缩与退化，让人类完全牲畜化，甚至毫无疑问会成为具有平等的权利及请求权的小型野兽（《善恶的彼岸》，木场深定译，岩波文库出版，1970年）。如本书第四章第三节所介绍，卢梭亦认为民主政治标准的样态，是一个人民只寻求个别利益的社会。

关于从孟德斯鸠到托克维尔的法国自由主义思潮，请参见拙著"孟德斯鸠与托克维尔"（《法学教室358号》，2010年7月号）。有关托克维尔着重中间团体结社所扮演的角色之民主政治观，由樋口阳一教授整理成"托克维尔——国型"民主政治观。如樋口阳一著《近代国民国家的宪法构造》（东京大学出版会出版，1994年），请特别参照第二章。

孟德斯鸠以提倡三权分立原理而著名。但根据他的理论，为了守护自由而采用三权分立原理的英国，已经自由得过了边际，因此他无法将英国宪法推荐给其他国家使用。其实，英国是因为已经全面废止原本可以守护人民自由的中间团体，尤其是贵族的特权，所以不得不采用三权分立这种人为架构以守护自由。有关此点亦请参阅拙著"孟德斯鸠与托克维尔"一文。

第十二章
从过往的民主政治学习

我不相信苏格拉底能与人民对话。

——列奥·施特劳斯

多数人的判断是较好的判断——亚里士多德

现今我们都把民主政治视为理所当然的政治体制，但回顾人类历史，民主政治却不见得都能获得好评。在此让我们回顾历史，或许能找出施行民主政治之际应该留意的地方。

亚里士多德说过一句有名的格言："人类是天生的政治（po-lis）动物"（出自《政治学》1235a，句中的 polis 日文原为"国家"，也就是城邦国家）。与社会契约论者的主张不同，他并不认为国家是人类为解决自然状态下的困难、经过缜密计划后建立的，而是人类天性如此。依据他的见解，国家不可徒具形式，真正的国家其目的在于德性的发挥，亦即善的生活（《政治学》，1280b）。让人们都能拥有善的生活，实现真正的自我，才是国家存在的目的，绝非以相互禁止不正当行为、交换物品等为目的的共同体。

若果如其然，问题便在于民主政治是否是一种让人们拥有善的生活的政治体制。关于这一点，亚里士多德的回答是否定的。不过我们必须注意，他对于民主政治，亦即"demos"的统治其定义还是很独特的。

亚里士多德认为：政治体制共有六种类型（2×3＝6）。前面的"2"是统治者重视全体社会的公共利益，以及统治者仅在乎自身利益两种类型；后面的"3"是依据统治者的人数，分为单独一人、少数人及多数人三种类型，排列组合之后便有六种。

统治者如为单人且着重在公共利益，就是君主政治；如为少数人，且重视公共利益，则为贵族政治；至于多数人且重视公共利益的体制，很奇妙地，他称之为"宪法"（politeia）——多数人依宪法制度致力于公共利益的体制。而作为负面对照组的也有三种：统治者仅重视自身利益，如为单独一人，则称为独裁政治；少数人为寡头政治；而多数人则为民主政治（《政治学》，11279b）。亦即，亚里士多德认为：民主政治是贫穷且愚蠢的多数人，为实现只属于自己的特殊利益而统治国家的体制。相对地，若是富人为获取只属于自己利益的体制，则为寡头政治。这些体制当然都不可能带给所有人良善的生活，但他也承认，统治者为多数人且着重于公共利益的制度仍然可能存在。因此，现代人的民主政治和亚里士多德批判的民主政治，不能直接画上等号。

事实上，亚里士多德亦提到了民主政治的优点。他指出，全体人民比起少数优秀之士，更可能作出正确的结论：

> 所谓多数人，虽然其中每个人都不是什么了不起的人物，但将大家集结，不问每个个人，视所有人为集团，便可能比占少数优秀的人还要优秀。这和大家各自带着不同菜品一同分享的喜宴会比只有一个人掏钱准备的晚餐要来得丰富，道理是相同的。多数人里的每个人，都拥有一部分优点或实践智慧，因此将大家集结起来，在某种程度上便仿佛成了一个具有多手

多足、多种感觉的个人，不论是性格或思虑也都成为一个完整的个人。是故，对于音乐或诗歌，多数人会比一个人更能欣赏。因为，其中一人理解某部分，其他的人理解其他部分，相加乘的结果，便是这群人能全面理解（诗歌）所有的美好（《政治学》，11281a – b）。

这便是"多数人的智慧"（wisdom of the multitude），亦即具有各种知识或经验的人如能集体汇整意见，会比其中最优秀的个人找到更杰出的见解。当然，若是几何学或航海学等专门领域，还是应该倾听专家的经验知识。但他还是认为，每位个人，虽然不如具有特别知识的精英，但只要人民尚未完全堕落，作为一个整体便有能力作出与精英同等甚至更好的判断。可见，他对于多数人的判断能力其实相当有信心。

亚里士多德和我们的不同在于：大众对于何谓善的生活、善的生存方式，能否客观认识。既然国家是实现大众良善生存方式的机制，那么"善的生存方式"之判断标准，在该国生活的人们之间就应该有共识。国民间共有的"最低限度的善的生活方式"标准或许存在，例如健康、不缺食物或住居、成年人不会失业等。但是，国民之间是否能共有比这些更上位的，诸如"实现自我"的指标呢？古希腊的城邦国家和我们之间的差异即在于此。

如本书第六章之说明，我们生存在宗教改革后的世界，所有人对于何谓善的生活方式、何谓让自己的本性完整展露、实现自我的生活方式等，有着彻底不同且多样的想法。时至今日，除了像梵蒂冈这种非常特别的国家外，一般国家已经不可能垄断善的生活的标准了。

果真如此，那么国家所扮演的角色，不如说是建构并维持"以禁止相互间不正当行为、交换物品等为目的"的社会秩序（当然不限于这些）。至于对"善的生活方式"的追求，则应委由各人自由选择。

大众无法作判断——柏拉图

柏拉图对于民主政治的敌意十分明显。由于将他的老师苏格拉底裁判处以死刑的雅典实行的正是民主政治，因此他对于民主政治抱持敌意也无可厚非。

他曾以轻蔑的口吻说过："大众只会在国民议会、法庭、剧场、自家阵营或其他公开举行的集会中，一边坐着、喧哗着，一边对于所见所闻大加赞扬或批评。"（《理想国》，492B）。对他而言，多数人对于何谓善、何谓美丽，只会作出令人笑掉大牙的判断（《理想国》，493D），大众根本不可能理解美或事物本身的存在（《理想国》，494A）。

不过，这也不是说"少数比多数更适合担任统治者"。国家的任务既然是带领人们进入真善美的境界，则只有能理解真善美的人，才能扮演好统治者的角色。因此柏拉图认为，只要不是哲学家成为一国之君，或是现今被称为君王或权力者的人们，没有真正且充分地钻研哲学，那么理想的政治体制便不可能实现（《理想国》，437D；cf. 499B－C）。

因此，民主政治距离理想的政治体制其实还差得太远。毕竟身为统治者的大众，不可能都是哲学家，因为学习哲学之人不可能避免来自大众的非难（《理想国》，496A）。

不过，柏拉图究竟认为民主政治是什么样的政治体制？而且从我们身为现代人的角度去看，他的想法是不是难以接受的政治体制？这个问题并不简单。柏拉图认为，在民主政治中，人们是自由的，且这个国家乃由自由所统治，言论自由无所不在，人们可以无所不谈，并放任人们依照自己的想法行事（《理想国》，557B）。在这种体制下，会出现比其他国家更多样化的人们（《理想国》，557C），"即便你具有充分的统治能力，也没有人会强制你一定得担任统治者，而且只要你没有意愿，也没有人会强制你必须接受统治。又即便其他人正在争斗，你也不需要被迫作战；甚至即便其他人和平地过日子，只要你不希望和平，也不需要强迫自己过和平的生活（《理想国》，557E）。

由此可知，柏拉图所设想的民主政治，并非单纯只是政治制度的结构，而是更广义的，包括人们的生活方式、生活态度。柏拉图认为，此种生活方式在短暂的人生当下是无可比拟的快意生活。但在这种政治体制下，其实人类会被无意义的欲望所支配、追求不必要的快乐，舍弃学问、美好工作或真实言论，反而被虚幻不实的言论或思虑所迷惑，把自由误认为不受控制、浪费当成慷慨、无耻当成勇敢而生活（《理想国》，558 – 561）。结果，反而会产生一个完全不适合孕育所有人都拥有善的生活方式的国家。

不过，上述这种国家与柏拉图所描述的理想国——将十岁以上的国民全部放逐出国、将孩子与父母隔绝不由父母教养、连妻女都必须共有的、彻底的共产主义体制——相较之下，会认为前者比较糟糕的人应该不太多吧。当然，这或许是因为我们早已堕落到万劫不复，是该被轻视的肤浅大众使然。

| 文献解说 |

　　亚里士多德的《政治学》有多个日译本，笔者经常使用的是牛田德子的译本（京都大学学术出版会出版，2001 年）。引用之处所标示的数字，是贝克版全集的页数。有关"多数人的智慧"，在《立法的尊严》（*The Dignity of Legislation*，Jeremy Waldron，长谷部恭男等译，岩波书店出版，2003 年）第五章"亚里士多德的多数人理论"中有简单明了的解说。这部分的引述直接引用 Waldron 的译本。亚里士多德对于政治体制的分类受到柏拉图的影响，请参见本书第九章的文献解说。另外，说明"多数人的智慧"时提到的比喻，亚里士多德是以喜宴为例，不过对生活在现代的我们而言，维基百科可能是更直截了当的例子。

　　柏拉图的《理想国》也有多个日译本，笔者手边所使用的是 1979 年藤泽令夫译的岩波文库版本，本章引述亦从其翻译。在柏拉图的对话录中，柏拉图本人并未登场，《理想国》中的主角是苏格拉底，而且柏拉图书中所描写的苏格拉底处处语带讥讽，到底哪些是真心话则不得而知。

　　柏拉图及亚里士多德那个时代的雅典，人们或许还有着良善生存方式的共识。本书序章的文献解说中提到的社群主义（communitarianism）就认为，社会成员必须共有此观念，而且依靠这个观念为生，这样人的生存才有意义。不过，就算在柏拉图或亚里士多德的时代，也很难说这种观念受到所有人的尊重。苏格拉底就是因为被控攻击人们尊重的社会共识而被处以死刑。可见，哲学对于良善生活理念的追求，很可能会瓦解社会成员对于善的生活的共识。

　　政治哲学家麦金太尔（Alasdair Chalmers MacIntyre）曾经提到，即使是柏拉图时代的雅典，市民们所认知的"德"，亦即有关善的生存方式，也没有牢不可破的共识，反而各持己见互有摩擦。柏拉图早期的对话录中，假借苏格拉底之口所指摘者，不只是每个对话人之间见解互异，主要是说明：雅典市民所谓"善的生存方式的共识"这个观念本身，事实上就埋下了分裂的种子。请参见其著《德性之后》第十一章"古雅典的诸道德"（筱崎荣译，美铃书房出版，1993年）。

　　列奥·施特劳斯则认为：在《理想国》中，柏拉图并没有让苏格拉底认真地说出理想国究竟是什么。柏拉图真正想表达的是，包括哲学家皇帝在内，书中所描述的乌托邦是多么违反自然，多么不可能存在。原本渴望真理、专注探求知识的哲学家，怎么可能从政呢？因此，只好强制哲学家从政。这样的强制，只有在说服人们接受哲学家的统治之后才有可能。不过，由于人民都很讨厌哲学家，几乎不可能被说服，而且哲学家本身也不可能特别为此游说人民。《理想国》中苏格拉底说："若真的是个有为的统治者，则不应是统治者请求被统治者接受其统治。"施特劳斯这段有关柏拉图的解释，请参见拙著《宪法的境界》第五章"学问的自由与责任——列奥·施特劳斯关于'书写技巧'备忘录"（羽鸟书店出版，2009 年）。

本章开头的题词，摘于施特劳斯于 1957 年 4 月 22 日写给其友人 Alexandre Kojève 的私人信件。

以雅典的民主政治为素材探讨现代民主政治最典型的是 Moses I. Finley 所著《古典民主原论》（柴田平三郎译，讲谈社学术文库，2007 年）。另亦推荐伊藤贞夫著《古典时期雅典之政治及社会》（东京大学出版会出版，1982 年）。有关柏拉图、亚里士多德以后西欧民主思想的历史，*Democracy*（Ross Harrison，Routledge，1993）及 *Setting the People Free：The Story of Demacracy*（John Dunn，Atlantic Books，2005）两本书均有综合性概观。笔者本身亦写过非常简单的概要，请参见拙著《宪法是什么》（岩波新书出版，2006 年）第三章"宪政主义及民主主义"。该处亦曾言及，直至 19 世纪末以前，除了极少数的例子外，民主都是负面性的象征。即使是托克维尔笔下的美国属于民主政治，但其实美国的建国之父们认为他们建立的是共和制。麦迪逊（Jamesl Madison，美国第四任总统）就认为，小型社会所实施的直接民主政治不适用于美国，因为无法匡正党派对立所带来的弊害，所以他提议建立具有代表议会及权力分立的大型联邦共和国。请参见《联邦论》第十篇及第五十一篇（斋藤真、中野胜郎译，岩波文库出版，1999 年）。

终 章

有遵从法律的义务吗？

从国家层面来说，对于制定法律的统治者，
人民无从进行合法的抵抗。

——康德《道德形而上学》

苏格拉底为何接受了死刑判决？

最后想探讨，我们是否有遵从法的义务。不过在此要先提
醒各位的是，此处所说的"义务"并非法律上的义务。因为既
然用法律作出种种规定，那么这个立法行为本身就预设了人们
理所当然依法行事的义务。

有遵从法律的义务（有人称为"遵法义务"），意思是说，既然国家以法律之名作出规范，那么被规范的对象本就应该有遵从法律的道德义务。当然，有时候依照各别法律的内容，也会出现照着做似乎不太正确，或者没道理遵守这种法律的情况。但即使如此，只要法律有规定，人们即有遵守的义务——这就是遵法义务。

这样一来，我们必然会直觉反应，不可能对于漫无边际的要求均有服从的义务。大部分的法哲学家也这么认为。有些国家就是会规定出一些怪法，像是歧视少数民族或女性未获得丈夫或父亲的许可不得外出等。但若要问，是否因为制定了法律就得一律遵守？相信一般都会认为并非如此，至少对于明显荒唐且毫无道理的法律，便没有遵从的理由——探讨是否有遵法义务，首先应该从这个结论出发。

对这个常识持反对意见的是苏格拉底。在雅典民主政体与斯巴达的战争及远征西西里等接连失利、城内极度混乱的公元前399年，他因为犯了不信奉国家所承认的诸神，企图引进新神祇的罪愆，并且腐化青年人等理由，被判处死刑。

所谓哲学，目的便是挑战甚至推翻人世间的常识以及社会的通念。人们事事遵从这些社会常识与道德习惯，就像呼吸空气一般理所当然。苏格拉底却攻击这些社会共识及习惯的有效性，当然会引起人们的反感。前一章也说过，"学哲学的人被大众讨厌是无可避免之事"（《理想国》，494A）。更何况，在公私不分的古希腊，该信奉哪个神祇并非任由每个人的选择，而是与国家基础息息相关的问题。

而且，如果柏拉图忠实地描绘他老师本人，那么他笔下的这位苏格拉底就是个相当好戏谑的人，往往以独特的对话方式嘲讽大人物。这不但加深了世人对他的反感，甚至在人民裁判被判有罪的时候，他还在庭上要求：如果要"罚"我，国家就应该在迎宾馆招待我吃大餐（这原本是一种荣誉——译者注）。怪不得绝大多数的群众要高声大喊判他死刑了。

虽然如此，毕竟时空背景是当时的古希腊，就算受到死刑判决，也不一定非死不可。连苏格拉底本人也说过，人们即使被判处死刑或流放刑，还是可以伫立在街上，公然到处乱逛（《理想国》558A）。也许他举的例子相当极端，但总之只要肯逃命，是一定可以逃过死刑的。然而，苏格拉底却选择了服毒而死。

苏格拉底迎接死亡的过程载于对话录《斐多篇》，而他接受死刑判决的理由则载于《克里同篇》。《克里同篇》记载，苏格拉底身为雅典市民，在雅典法律之下诞生成长（对市民而言，国家即双亲），成年后虽可选择移居他国，却仍然留在雅典，可见苏格拉底已经同意遵守"无论如何都要遵从雅典国法"的约定（即对于社会契约的默示同意）。这就是他接受死刑判决的原因。但我相信，大家都能了解为什么笔者认为这种说法逻辑上毫无说服力。就算是父母的指示都不一定必须全盘接受，仅仅因为长住在同一个国家，该国所定的法律不论多邪恶也都必须遵守吗？这真是岂有此理。

政治哲学家施特劳斯解释，其实连苏格拉底本人都不相信这个理由，只是杜撰出这个借口给好朋友克里同，好让克里同被人责问为什么不救苏格拉底一命的时候，有个遁词而已。苏格拉底在最后补充的理由才是他的真正意思：自己已经上了年纪，亡命生涯不见得比较好（不过关于此点，苏格拉底并未征求克里同的同意）。

为什么法律规定"禁止杀人"

除了一看就知道毫无道理的法律无需遵从外，其他的情形又如何？看起来很有道理遵守的法律，通常都是尊重宪政主义或法治理念，大致上能符合正义的国家所制定，这时候就应该遵从法律。

当然，综合各方面的考虑，结论或许仍然可能觉得自己没有遵从该法律的理由。举例而言，为了防止流行病蔓延，法律赋予零岁婴儿都必须接种某种疫苗之义务。可是，有的父母知道自己的孩子是特殊体质，接种该疫苗后会留下严重的后遗症，但因立法不够完备，并未规定这种情形不须接种疫苗。这时候，即使有法律规定，制度本身的目的也够正当，也不能迫使自己的孩子接种疫苗吧。

不过，法律命令大家接种，"原则上"是有理由的。但因为存在一个足以推翻该命令的相对理由——孩子若接种将引起严重的后遗症，因此不应接种——而且由于此理由更为有力，所以结论便是不应接种。

若是大致上符合正义的国家，遵从法律都会有个"原则上"的理由——虽然就结论而言，否定该理由是可能的。但这能认为是妥当的结论吗？

法哲学家拉兹认为，在这种情形下，不能以一般常识作出结论，必须往更具体层面进行检讨。他首先指出，如不可杀人、不可性侵等当然应遵从道德观制定于法律中的情形，因此无需另行论述是否有遵从法律的义务。

遵法义务之所以引起争议,并非在于法律所命令的内容如何,而是依此法律行动是否有理由。不可杀人、不可性侵等,一开始就有理由服从。因此同样的内容制定于法律中,确实也就有"服从和法律规定内容相同事物的理由",但却不能说有"遵从法律之理由"。因此,谈遵法义务其实是多余的。

换种方式说明。法律当然会主张应该遵从自己,因为自己是权威。为什么是权威呢?因为比起让每个人自行判断,还不如遵从法之命令更能让人们的行为正确。但不可杀人、不可性侵等,原本就是自己应该采取的正确行为,无需法律规定。因此是否有遵从法律的义务,就不需特别讨论。

或许有人会提出异议,认为话虽如此,但这世上并非都是能辨别是非的人,当中也有杀人犯或性侵犯,所以有必要区别遵法义务和道德。确实,原本就应处罚这些不辨是非的人。若不如此,会如同霍布斯所指出的,如果放任坏人自私自利无所不为,那还有谁愿意遵从道德当个好人呢?

不过,这种情形下的法律以及国家提供的服务,仍然不是作为权威的法律或服务。我再说一遍,原本每个人就应采取某种行动的理由,不会因为法律的出现产生变化。因此,遵从法律也不会让人们的行为变得更正确。哲学家诺齐克（Robert Nozick）在其所著《无政府、国家与乌托邦》一书中描述了一个假设：取缔违反（法律出现之前的）道德的人，亦即道德上的杀人犯或性侵犯，并予以刑罚，理论上是可以通过契约交由民营团体去执行的。不只是邮政或铁路交通业务，就算是监狱的经营及警政服务民营化——且不问是否真的比较有效率——其实都是可能的。

法律的权威无法适用于杀人犯或性侵犯，是因为他们无法理性判断如何正确行事才会"犯罪"。对于这种人，就有必要给予"刑罚"，让他们知道无视道德的利己行为只会对自己不利。法律施加强制力，并非给予人们行为的理由，而是为了改变其动机。

道德能给予人们普遍性的实践理由，但法律不同。"仅因法律的命令便该照做"是否合理呢？答案应该是否定的。

穷究国家的能力

可是，由国家提供的警政、刑事裁判或监狱经营等服务，真的完全不会使得人们的行为理由发生任何变化吗？倒也不全然如此。这些服务，在多数社会都是由政府依法办理，如此才能提供公正且有效率的服务。为此，政府必须向全体人民课税作为经营成本。至于谁该负担多少成本方为妥适，虽然可能有各种考虑，但一般人都会认为，愿意和其他大多数人承担相同成本的条件当然是他人也应该负担跟自己一样的成本。这就是第一章提到的政府权威来源时所说明的协调问题。

若确实如此，国民便有新的理由协助具有协调能力的政府活动，而这个理由与前面提到的实践理由，层次并不相同。当政府尚未介入协调人们的活动以前，人们只认为，如果他人都负担一部分的成本，我也愿意负担我自己的部分（如果他人不负担，我也不负担）；但是当政府开始经营一种制度，强制众人必须分摊成本，而且对违反者科处罚则（不用成为坏人的牺牲品）时，国民便有遵从规定的理由。因为这样才能让警政、司法或科刑等服务公正且有效率。

同样的情形也能广泛适用到解决协调问题的法制度中。不过，这仍然不能简单地归结为，政府只要主张"我们是为了解决协调问题"，就一定会成为人们必须遵从该法制度的理由（即便是原则上的理由亦然）。毕竟，政府所提出的解决架构，也不见得总是卓有成效。

所以，仍有必要依据个别法律及个案情形考虑是否有遵从的理由。道路交通规则是解决协调问题的典型例子。但在视线良好的直线道路，在视野所及的范围内都看不到任何车子靠近的时候，即使眼前的路口为红灯，是否仍有理由坚持不穿越马路呢？我个人认为没有（若被警察发现而受责备，笔者不负责）。

另外，第一章也曾提过，政府权威的另一个源泉，便是当政府较一般人民具有更卓越的知识的时候。例如，发射电波的机器如何使用、核电厂发生事故或海啸来袭时应该如何采取行动等，政府一般都会听取专家意见后作成决定。因此，政府较一般市民具有更正确且有效知识的情形确实不少。

尽管如此，"政府的知识较民众卓越"仍然不是自明之理。以前面所举要求零岁婴儿接种疫苗为例，知道自己孩子具有特殊体质的父母，可能是对此问题具有专门知识的医学专家；而且父母对孩子体质的了解，远比政府的审议会委员丰富。既然政府的权威、法律的权威源自于完备的知识，那么就有必要依个别法律、个案情形判断政府的知识是否正确。而且，就如第九章第四节的说明，即使有适当的知识作为后盾，但由于法律是一般性规定，所以在具体个案中，法律适用仍可能有削足适履的情况发生。这是我们必须留意的。

为了支持正确政府而遵法

不过这么一来，也许会出现以下的各种疑问：若答案只能依个案而定，那么政府或法律的权威岂非变得很不稳定？这种结论会不会很没常识？

在一般的情形下，笔者认为绝对不能认同权威。但是，我们也可以想象另一个不同的见解：从整体观之，政府如果能够尊重宪政主义理念及法治原则，并以此提供一个有利于社会生活的法制度，那么即使法令无法符合某些个案的真正需求（例如政府的协调能力有问题，或者我拥有的知识显然较法律背后的专门知识更为正确等），也不应该违背法律的规定或政府的决定。否则，就会造成政府功能的崩坏。因此，支持政府、不轻易反抗，才是接受政府服务而生活的人民的义务。

政府提供的服务是一整套的服务，其中有好也有坏。由于并没有预设人民得以个别选择接受（这个服务）或不接受（那个服务），所以只要享受（一个还算可以的）政府的服务，就应该全面支持提供服务的政府，这样才算公平。而身为此种国家的人民尽到了义务，也能更丰富我们自己的人生。只要是能公平对待不同价值观、不同生活模式的优秀政治体制，我们便予以支持，其实这也能让我们自己的生命更有价值。

如第三章所见，洛克似乎也认为政府的功能原本如此（政府提供的服务成套无法零售），所以只要政府不施加过度的暴政，人们便不应该群起叛乱。

以上，就是我们可以想象到的对于"绝不承认权威"的反论。而且这种反对意见确实颇有说服力。至少，如果是个还不错的政府，只要人民受益，即使在个案上政府的决定明显错误，或普遍性的法律规定适用于某种特殊案例，导致不合理的荒谬结论，但考虑反抗政府所产生的影响——也就是可能导致人民丧失对政府的普遍性信任——就不该反抗。就结论而言，即使从各种角度考虑，仍然有反抗政府决定的可能性存在，但若是一个整体而言还算可以的政府所作的决定，那么原则上服从政府的决定还是有道理的。

话说回来，这个论点仍然无法成为普遍性的常识。即使一两个人不愿遵从政府的决定，也不会立刻导致政府的崩解。就像刚才举的例子一样，在完全没有人经过的路上闯红灯，难道就会导致政府的威信瓦解吗？明显言过其实。一个人小小的

"反抗"，是否就会使民众对正当政府的全面不信任，以及政府功能的崩坏是否导致"不公平"？这仍然只能视个案而定。

因此——姑且不论苏格拉底的嘲讽——总结前面的讨论，大致可以得到如下的结论。如果像德沃金，将何谓法的判断置于每个人全面性的道德判断之下，就似乎过于轻视价值观的多元性及无可比较性。因此，认定法律究竟是什么，必须与每个人的道德判断切开，且唯有如此才有承认法律权威的可能。但是，我们也不需要永远百分之百认同法律的权威。人与人之间道德判断的对立，通常并不会严重到需要像康德一样强调对于实定法的服从才能解决。是否认同法律的权威，最终仍应视个案由个人自行决定。

又如第八章"法官的良心"的讨论中所述，人们并非随时随地都必须遵守实证法律的规定。如果依据实证法规定解决眼前的问题，却导致不合理且极度怪异的结论，我们就应回归法律背后的实践性理由，探究适当的解决方案。宪法的基本人权条款，正是排除实证法之适用、回归实践性理由的窗口。法官既然也是人，就不可能与道德毫无关联地生活，一般公民当然也是如此。

文献解说

有关"是否有遵法之道德义务"的问题，前提是法律与道德在内容上可能不同。如依据第八章德沃金的理论，亦即若不检讨道德，则无法决定何谓法律，那么这个问题也就无法成立了。

所谓"遵从法律"意义为何，见解似有分歧。行为违法，因此乖乖地接受刑罚——这不也是遵从法律吗？可是，通常我们并不会认为受刑人是在尽他的遵法义务。苏格拉底事件会引起遵法义务的问题，正是因为他还有逃亡的选项。但现代社会的受刑人却不可能如此。

自然法论一般都被认为在传统上主张"恶法非法"（lex injusta non est lex），不过依照当代的自然法论大师约翰·菲尼斯（John Finnis）的看法，托马斯·阿奎那所说的"恶法论"其实是"违反正义之法，乃法之堕落形态"，所以"恶法"亦为"法"是其论述前提（John Finnis, *Natural Law and Natural Rights*, 2nd ed., Oxford University Press, 2011, pp. 363 ~ 366）。若"恶法"已非"法"，那么"恶法"本身即毫无意义。换言之，真正的重点是"恶法违反正义"，因此当然可以深究是否有遵从之理由。

第五章介绍的康德，一般都以为他主张对于实证法应有非常严格的服从义务。但从他的命题——对于道德判断意见分歧的人们，法的功能在于制定出可以让两方均能自由行动的平衡架构——的设定，当然可以导出"以该法内容与自己的道德判断不同为由，并不表示遵法义务可以解除"的结论。不过，他所谓的实证法，必须得是"提供能让人们均可自由行动的平衡架构"的法律才行。但对于"信用破产国家"的实证法，即便是康德，也从未主张应该服从。《斐多篇》及《克里同篇》均收录于世界名著《柏拉图》（Ⅰ）（田中美知太郎责任编集，1978 年）。施特劳斯有关《克里同篇》的解释，请参见 *On Plato's Apology of Socrates and Crito*, *Platonic Political Philosophy*（Leo Strauss, Chicago University Press, 1983 年），特别是第 66 页。

苏格拉底的裁判与死刑，经常成为许多人讨论的焦点。这里所介绍的是描述其社会及历史脉络的《民主主义？——古代与现代》（Finley 著，柴田平三郎译，讲谈社学术文库出版，2007 年）中之第四章。

诺齐克的著作《无政府、国家与乌托邦》，有嶋津格教授所译的日译版（木铎社出版，1995 年）。本书介绍的刑罚观，是他以利益计算诱导（恶）人行动的理论。霍布斯则认为，在主权者决定社会共同法律之前，只能以各自主观为道德判断，因此对于何谓犯罪、该给予何种刑罚，均仅能基于此等利益计算为之。

康德认为刑罚法规为定言令式，罚则必须给予所犯之罪正确的惩罚（《人伦的形而上学》，樽井正义、池尾恭一译，岩波书店出版，2002 年，A331）。他的一句名言："如正义消失，人们生存在世上即无任何价值"（《人伦的形而上学》，A332），便是由此脉络而来。杀人者死，"即使公民社会全体成员合意解散该社会，解散前仍应将关在监狱的最后一个杀人犯处以死刑"（《人伦的形而上学》，A333）。关于康德的这个主张，哈特表示，将所犯恶害之人加诸其相同恶害便是正义的实现，简直是"极端不可思议的道德化学"（H. L. A. Hart, *Punishment and Responsibility*: *Essays in the Philosophy of Law*, Clarendon Press, 1968）。

　　本章中所说明，遵法义务不能以普遍形式成立，是以拉兹的论述为基础。请参见 The Obligation to Obey: Revision and Tradition (*Ethics in the Public Domain*, *rev. ed.* Joseph Raz, Clarendon Press, 1994）。另外，虽然是小事，但我还是得指出拉兹的著作常有手写之误，该论文亦有两处错误，从初版至今都未修正。作者本人写完论文后，经常发生不愿意校对的情形（据说康德的《道德形而上学》也有许多校稿错误），但出版该书的出版编辑到底在搞什么！

　　近年开始有论者主张，既然法治之要求已明文化为法条，便应尊重法权威之主张；唯如第九章第四节之说明，如依照实定法规定，有时会获得怪异的结论。其实这个问题的起因，就出在"法治等于法条"的假设。一般而言，通常不会有人认为为了配合法治要求，就必得遵从法律。这与告知父母"由于所有零岁婴儿都被平等且公平地要求普遍性预防接种，所以你的孩子也应该接种"的说法未必有道理是一样的。

依据个案具体判断，可能导致不服从法律的情形，不只在一般人民身上发生，也发生在法官身上。单纯适用法律之命令，如果将导致不合理的怪异结论，法官便应避免使用该法。为了应对这种情形，日本国宪法准备的道具（之一），便是"违宪审查"这一安全阀（日本国《宪法》第81条）。这个制度很容易被认为将可能造成整部法律（亦即于各种情况下适用该法律）都会被判断为违宪而无效。但其原本的使用方式应是"适用违宪"，亦即如依法律字面文义规定适用于某具体个案，将会导致违宪，故于该个案中不应予适用，关于此点请参见拙著《宪法》第五版（新世社出版，2011年，第411～413页）。至于造成整部法律完全违宪的"法令违宪"，必须是该条文在任何适用场合均会导出荒谬结论，而此种案例非常罕见。如果误认为只有法令违宪才是违宪审查，就会让违宪审查制度变得难以适用，也等于掏空了"适用违宪"的功能。

图书在版编目（ＣＩＰ）数据

　　法律是什么？：法哲学的思辨旅程/（日）长谷部恭男著；郭怡青译. —北京：中国政法大学出版社，2015.9（2021.2重印）
　　ISBN 978-7-5620-6288-2

　　Ⅰ.①法… Ⅱ.①长…②郭… Ⅲ.①法哲学—研究Ⅳ.①D90

中国版本图书馆CIP数据核字（2015）第207415号

出 版 者	中国政法大学出版社
地　　址	北京市海淀区西土城路 25 号
邮寄地址	北京 100088 信箱 8034 分箱　邮编 100088
网　　址	http://www.cuplpress.com
电　　话	010-58908524(编辑部) 58908334(邮购部)
承　　印	北京中科印刷有限公司
开　　本	787mm×1092mm　1/32
印　　张	7
字　　数	110 千字
版　　次	2015 年 9 月第 1 版
印　　次	2021 年 2 月第 3 次印刷
定　　价	32.00 元